JN260368

少ない服でも素敵に見える人の秘密

骨格で選ぶスタイルアップ術

Straight　Wave　Natural

骨格スタイル協会代表理事
師岡朋子

講談社

Straight Type
ストレート
タイプ

バストや腰の位置が高く、二の腕や太ももに筋肉がつきがち。メリハリのある体には、凹凸のない素材やベーシックな服が最もすっきりと見えます。

鈴木尚子さん
（骨格スタイル協会本部講師／クローゼットオーガナイザー講師）

上質素材の
シンプルワンピで
スタイリッシュに

体にメリハリのあるストレートには、飾りのない上質な服が一番似合います。深めのVネックは、リッチな上半身をほっそり見せる効果大。筋肉がつきやすい二の腕は、五分袖ですっぽりと隠してしまいましょう。

| Point |
スカーフで縦のIラインを作る

タイトスカートは膝が見える丈がグッドバランス

オフィスコーデの定番「ジャケット×タイトスカート」は、スカートの丈が重要です。ミニ丈は太って見え、膝下丈だと間のびした印象に。歩くと膝がチラリと見えるくらいの丈なら、すらりとした膝下の美しさが生きます。

| Point |
フープピアスは直径5cm以上を

深めのVゾーンでIラインを強調して上半身すっきり

テーラードジャケットは、Vゾーンが鳩尾（みぞおち）の下まで開いたデザインが絶対条件。ボリュームのある上半身をほっそり見せられます。また直線的な柄が似合うので、柄物が苦手な人もボーダーなら違和感なく楽しめるはず！

| Point |
深く開いたVが着やせに効果的

ロングカーデは
太ももまでの丈が
黄金バランス

だらしなく見えがちなバランスの難しいアイテムですが、太ももまでの丈なら上手にまとまります。ストレートのカジュアル服は、「くだけすぎない」ことが鉄則。形がしっかりしたキャンバストートバッグをきかせて。

| Point |
厚みのない
ベーシックな形を

表革のシンプルな
デザイン＆ジャスト
サイズが正解

ライダースは、上質な表革でしわや派手な装飾がないものを。適度にフィットしたサイズが体を美しく見せます。ストレートは太ももの前面が張りやすいので、脚を細く見せるセンタープレス入りパンツが必須アイテム。

| Point |
カジュアルも
きれいめに

Wave Type
ウェーブ タイプ

華奢な上半身に対して、下半身に脂肪がつきやすいのが特徴。光る素材や柔らかく装飾のあるデザインが女性らしいボディを引き立ててくれます。

安井ミカさん
(骨格スタイルアドバイザー)

腰まわりふんわり&膝上のミニ丈でスタイルよく

ギャザー入りのフレアワンピは、ふっくらした下半身をうまく隠してくれます。逆に上半身はさびしく見えがちなので、巻き髪やボリュームのあるアクセサリーで立体感を加えると、あか抜けた印象に。

| Point |
パールたっぷりの華やかアクセが◎

短めの丈で重心を上げて腰高&脚長効果!

軽やかに広がるペプラムブラウスも、腰まわりのボリューム感を中和してくれます。鮮やかなグリーンのショート丈カーデで視線を上に集めれば、重心が上がって、すらりと見えます。

| Point |
ペプラム&カーデで重心をアップ

量感のある ノーカラーで 上半身にボリュームを

ノーカラージャケットの素材には、さまざまな色の糸や装飾糸、ラメなどで織られた、ファンシーツイードがおすすめ。七分袖や袖を折り返してさりげなく手首を見せると、女性らしい華奢な体つきを強調できます。

Point
マーメイドラインで曲線を意識

飾りのついた 華やかトップスは 5歳若返らせる

ウェーブは上半身にボリュームを足すと全身のバランスがよくなり、顔まわりも若々しい印象になります。フリルやリボンをあしらったブラウスはまさに理想的。ベルトでウエストの細さを強調すると、ほっそり見えます。

Point
細いウエストはしっかり見せて

Natural Type
ナチュラルタイプ

骨や関節がしっかりしていて手脚の長い人が多いので、ラフ＆カジュアルな服が似合います。天然素材のリラックス感で、女らしさを演出しましょう。

白杉端子さん
（骨格スタイル協会認定講師）

髪、服、アクセ バッグ、すべてに 長さと大きさを

肩のラインがしっかりしているので、ラフな着こなしが様になります。長めのアイテムで重心を下げてバランスよく。しわ感のある素材や重ね着は、骨ばった体を柔らかくカモフラージュできる嬉しいテク。

| Point |
大ぶりアクセで奥行きを

| Point |
大バッグ、厚底サンダルは夏の定番

長めスカートで 「下重心」に まとめて

少し大きいサイズの服や、着丈の長い服をゆったりラフに着ると、大人の色気が際立ちます。ごつめの民族調バングルは、伸びやかな体を引き立たせてくれるアイテム。一つ持っていて損はありません。

╭─────────────────╮
 ファーストールで
 胸元をリッチに。
 女っぽさを強調して
╰─────────────────╯

体にメリハリが少ないので、重ね着や小物で、着こなしに「奥行き」を感じさせるのがポイント。ボリュームのあるアイテムを重ねることで、がっしりした体の輪郭が目立たず、ソフトな女性らしい印象が作れます。

| Point |
おしりが隠れる
ロング丈が◎

╭─────────────────╮
 目立つ膝頭が隠れる
 「膝下丈」スカートは
 マスト！
╰─────────────────╯

大きめの膝関節は、すっぽり隠したほうが脚がきれいに見えます。全般的にマットな素材が似合うので、タイツも透けない素材で。太めヒールのブーツで足元に重量感を持たせると、さらにスタイルアップ。

| Point |
小バッグはストール
との合わせ使いで

少ない服でも
素敵に見える人の秘密

骨格で選ぶスタイルアップ術

センスや体型に自信がないからと、おしゃれする
ことをあきらめていませんか?
自分の骨格タイプに似合うスタイルを知れば、
お金も時間もかけずに、ベーシックアイテムだけ
であか抜けて見えるファッションを楽しめます。

はじめに

服が「似合う」って、楽しい！

　素敵な服を着て鏡を見た瞬間、「歳のせいかしっくりこない」「自分だと太って見える」とがっかりしたり、時間とお金をかけてようやく買った服を、「やっぱり似合わない」としまい込んだりした経験はありませんか？
　でもその原因はあなたの年齢や体型のせいではなく、「骨格と服の相性がよくない」ことが問題だったのです。

　初めまして、骨格スタイル協会代表理事の師岡朋子と申します。私はひとりひとりの体の特徴を分析して、その方の魅力が最も輝くファッションの楽しみ方をお伝えしています。
　とはいえ、以前は私も似合う服がわからず、数々の失敗をしてきました。「シンプルな服こそ大人の女性の証」という雑誌の特集を真似して、カシミアのVネックセーターと上質なスラックスを着てみたら、「貧相」「やぼったい」「安っぽく見える」など思い浮かぶのは悪いイメージばかり。鏡を見るたび、自分の体型に落ち込んでいました。
　ところが「骨格」に着目したファッション理論に出会って、考え方がガラリと変わりました。「似合う」ためには体の特徴と服の相性をよくする必要があり、コンプレックスだった部分は生かすべき個性だとわかったからです。

　「理論」と聞くと、着たいものも着られず好きなファッションを制約されるというイメージを持つ方もいらっしゃいますが、ご安心ください。この理論

を応用すれば、いままで似合わないとあきらめていた服も、体の個性に合わせる「似合わせ」テクニックでよみがえらせることができます。

　似合う服を知るには、「自分の体と向き合うこと」が第一歩。好きなところも嫌いなところも客観的に見つめることで、自分の体が一番美しく見える服をサッと選べるようになります。

　本書では、具体的にどんな服を選べばいいかわからないファッション初心者でも参考にしやすいよう、ベーシックアイテムを中心に紹介しています。あくまで「タイプ別に似合う服を選ぶものさし」なので、この服でなければだめという決まりではありません。

　また体の特徴が伝わりやすいよう、「むっちり」「がっしり」など、講座ではNGとしている表現もあえて使いました。これは体の個性の表と裏になる要素なので、決してマイナスにとらえないでくださいね。

　この理論を知れば、買い物に使う時間や労力やお金が減るし、あれこれ迷わずに似合う服を着ることで、毎日が心地よく快適になります。しかも骨格は一生変わらないので、一生ものです。この本が、あなたが自信を持っておしゃれを楽しむきっかけになるよう心から願っています。

骨格スタイル協会代表理事　師岡朋子

少ない服でも素敵に見える人の秘密
骨格で選ぶスタイルアップ術
～Contents～

口絵 ストレート／ウェーブ／ナチュラル Bestコーデ

ストレートタイプ 鈴木尚子さん　2

ウェーブタイプ 安井ミカさん　5

ナチュラルタイプ 白杉端子さん　7

はじめに　2

Chapter 1 体型と骨格は別物！まず覚えたい3タイプ

ストレートタイプ　10

ウェーブタイプ　14

ナチュラルタイプ　18

自分のタイプをしっかり知ろう　22

骨格タイプを知って素敵になれた人　28

Chapter 2 少ない服でも素敵に見える秘密

4つのルールで運命の一着がすぐわかる！　36

Rule 1　胸元のディテールで第一印象は変わる　38

Rule 2　着丈とウエストマークだけでスタイルアップ　42

Rule 3　服の素材だけで3キロ着やせできる　46

Rule 4　柄物は大きさとモチーフで選べば迷わない　50

最高に似合うベーシックアイテムの選び方　54

Basic Item 1　Tシャツ　55

Basic Item 2　白シャツ　56

Basic Item 3　タートルネック　58

Basic Item 4　Vネックニット　60

Basic Item 5　カーディガン　62

Basic Item 6　パンツ　64

Basic Item 7　デニム　66

Basic Item 8　テーラードジャケット　68

Basic Item 9　トレンチコート　70

Basic Item 10　ウールコート　72

Column1 最強ショップの見つけ方　74

Chapter 3 小物でもっと「似合わせる」魔法

自分のタイプと合わない服は「似合わせ小物」で生かす　76

似合わせ小物1　アクセサリー　77

似合わせ小物2　時計　80

似合わせ小物3　巻き物　82

似合わせ小物4　ベルト　84

似合わせ小物5　バッグ　86

似合わせ小物6　パンプス&ブーツ　88

似合わせ小物7　サンダル&カジュアル靴　90

苦手スタイル克服チャート　92

Column2　骨格タイプと顔立ちの関係　96

Chapter 4 ここが知りたい！骨格スタイル分析Q&A

Q.1 自分の骨格タイプのファッションが好みでない場合　98

Q.2 流行アイテムが自分の骨格タイプと違う場合　100

Q.3 骨格タイプ別に似合うヘアメイク　102

Q.4 骨格タイプ別に似合うメガネ　104

Q.5 体型が変わった場合の骨格タイプ　106

Q.6 各シーズンで服は何着持つべきか　108

おわりに　110

Chapter 1
体型と骨格は別物!
まず覚えたい3タイプ

ぽっちゃり／ほっそりといった「体型」は、さまざまな要因で変化します。
でも「骨格」は骨自体の特徴なので、体型や加齢による影響は受けません。
「骨格スタイル分析理論」の基本となる3タイプ **ストレート／ウェーブ／ナチュラル**の違いを理解して自分の骨格タイプをしっかり診断し、最も似合うスタイルを見つけましょう!

Straight Type

筋肉が作るグラマラスボディが魅力
ストレートタイプ

〜身体的な特徴〜

筋肉がつきやすく、**出るところが出ている肉感的な体型**が特徴です。横から見たときに厚みがあり、**鎖骨や肩甲骨も目立ちにくいので**、やせている人でも華奢には見えません。いわゆる「ボンキュッボン」のダイナマイトボディになれるのが、この**ストレート**タイプ。

筋肉が発達していて、**バストやヒップ、腰の位置が高く、重心が上のほう**にあります。**首が短めで、二の腕や太ももにハリがあってボリュームもあり**ますが、膝下はすらりと細い人が多いでしょう。また身長のわりに、**手足は小さめな人が多い**というのも特徴です。

有名人では、**藤原紀香**さんや**米倉涼子**さん、**小泉今日子**さん、**小池栄子**さんなど、健康的でシャープな印象の女性が当てはまります。

〜似合う服〜

ストレートが気をつけたいのは「**着太り**」です。体そのものにボリュームがあるので、装飾的な服やゆるい服を着ると体が大きく見えがち。**シンプル＆ベーシックなデザインと直線的な形**が、スタイルアップの必須条件です。**Ｖネックやｕネックで胸元を縦に開ける**と、すっきり見えます。

コットン100％、ウール、カシミア、シルクなどの適度なハリと高級感のある素材と相性がぴったりです。筋肉質で弾力のある肌となじんで、体のラインを美しく見せてくれます。

もう一点こだわりたいのが、「サイズ感」。ほどよく**ジャストフィットするサイズ**で、横に広がらない「**Ｉライン**」を作ると着やせにつながります。

Chapter 1　体型と骨格は別物！まず覚えたい3タイプ

グラマーな体に飾りは不要。
全身にIラインを意識して、すっきりと

Rule 1
厚みのある上半身は
深いVネックや
Uネックで
ほっそり見せて

Rule 2
ハリのある肌を
引き立てるのは
カシミアや綿100％
の上質素材

Rule 3
むっちりしがちな
太ももには
センタープレスの
きれいめパンツ

Rule 4
すらりとした足先には
つま先の尖った
プレーンな靴が◎

ストライプ×
　タイトスカートで
　シャープに

立体的な体には、直線的な形の服が最適。特にタイトスカートは、グラマラスなヒップラインをより美しく見せます。膝の少し見える丈がバランスよし。ネックレスは、太すぎず細すぎない5mm幅がおすすめです。

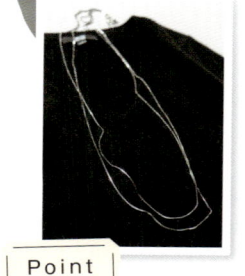

| Point |
鳩尾に届く長さが
着やせに効果的

| Point |
上質な表革&スクエア形できちんと

Chapter 1 | 体型と骨格は別物！ まず覚えたい3タイプ

素材がよければ定番服がシックに決まる

ベーシックなカシミアVニット×ウールパンツの超シンプルコーデも、体にパンチがあるのでさびしくなりません。ラインが際立ち、むしろ女らしく見えるはずです。アクセも装飾のないプレーンなものがぴったり。

Point センタープレスで太ももを細見せ

Point 表革のきれいめヒールで決めて

Wave Type

骨が細く肌の柔らかいスレンダーボディ
ウェーブタイプ

～身体的な特徴～

　肌の質感はふわふわして脂肪の柔らかさを感じさせますが、骨が細く平面的な体型が特徴です。特に上半身は厚みがなく、バストやヒップはそれなりにある人でも、**ストレート**に比べてほっそりした体つきをしています。**ウェーブ**は首が細くて長いのも特徴で、バレリーナでいう理想的な体型になれます。

　筋肉よりも脂肪がつきやすく、下半身、特に腰まわりのボリュームが出やすいほうです。よって、**全身のバランスは下重心**。上半身は横から見ると平面的で薄いですが、太ると顔まわりや下半身に肉がつきます。鎖骨は少し出ていますが、**ナチュラル**に比べて骨自体は小さめです。

　有名人では、**松田聖子**さん、**杉本彩**さん、**神田うの**さん、**壇蜜**さん、**佐々木希**さんなど、華奢なボディラインの女性が当てはまります。

～似合う服～

　ウェーブが心がけたいのは「メリハリ」です。ウエストをキュッと絞ったり上半身にボリュームを足したりして、凹凸感のある「**Xライン**」を作りましょう。ボディコンシャスな服で線の細さを強調しつつ、**フリルやリボン、プリーツ、タック**といった装飾のあるデザインで胸元を華やかに盛るのがポイント。**着丈の短いトップス**なら重心が上がり、バランスもよくなります。**ハイウエスト**の切り替えも、同じ理由でおすすめです。

　ふんわりと柔らかい肌には、ハリのある素材やゴワゴワした生地はちょっと強すぎます。ポリエステルやシフォン、スエードなど柔らかい質感のものや透ける素材を選びましょう。

Chapter 1 ‖ 体型と骨格は別物！ まず覚えたい3タイプ ‖

胸元にボリュームを足して。
メリハリをつける飾りや素材で、ふんわりと

Rule 1
薄めの胸元には
リボンやフリル、
きらめくアクセで
ボリュームと
華やかさを

Rule 2
ハイウエストで
くびれを強調。
重心を上げて
スタイルアップ

Rule 3
華奢な体には
ポリエステルや
シフォンなど
柔らかい素材を

Rule 4
丸トウ＆装飾を
プラスして
好バランスに

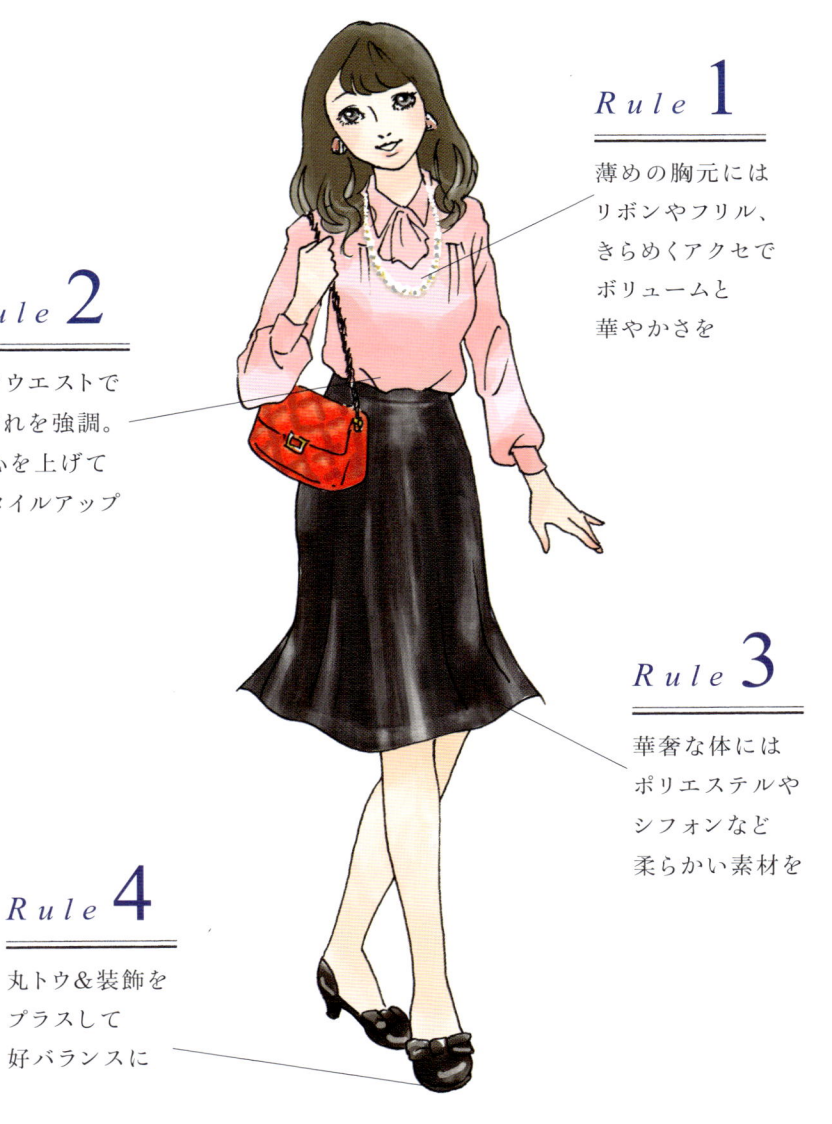

{ フィット＆
フレアな形で
ボリュームを }

上半身に厚みがないぶん、服でメリハリをつけましょう。ショート丈のカーデで上半身を小さく、スカートで下半身に広がりを持たせると、女性らしいシルエットになります。胸元がさびしくならないよう、ビジューを加えて。

| Point |
透け感のある薄い素材でふんわりと

| Point |
丸トウ×リボンでバランスよく

Chapter 1 ｜｜ 体型と骨格は別物！ まず覚えたい3タイプ ｜｜

スキニーで女性らしい体の魅力をフルに

フワッと広がるボトムスが得意な一方、ぴったりした細身のスキニーパンツも似合います。ボリューミーなトップスと合わせると、脚の細さが際立ちます。くるぶしの見える七分丈が、全身のバランスアップに効果的。

Point
フリル袖でふんわりラインを強調して

Point
大人可愛く決まる華やかビジュー

Natural Type
スーパーモデルのような中性的なボディ
ナチュラルタイプ

〜身体的な特徴〜

骨の太さや関節の大きさが目を引く、フレーム感のあるがっしりした体型が特徴です。肉はつきにくいですが、太ると大柄に見えます。やせていても骨格が大きいため、線が細い印象にはなりません。

身長のわりに手足が大きく長いので縦長ラインが強調され、実際よりも背が高く見られる人も多いでしょう。ただし**長身とは限りません。**

体の厚みはそれぞれですが、総じて骨や筋が張っています。**肩幅が広く、鎖骨や肩甲骨が大きく出ている、首をひねると筋がはっきり出る、膝や手の甲の筋が目立つ**など、節々のパーツに力強さを感じます。

有名人では、**天海祐希**さんや**今井美樹**さん、**杏**さん、**アンジェラ・アキ**さんなど、ボディラインがしっかりした女性が当てはまります。

〜似合う服〜

ナチュラルに似合うのは「ラフ&カジュアル」なアイテム。体に沿った直線的な服はがっちりと見えてしまうので、**ルーズなシルエットや個性的なデザイン**で女らしさを演出しましょう。ボディラインの強さを中和してくれる、**ラウンドネックやワイドパンツ、マキシ丈スカート**などで輪郭の強さをゆるめると、柔らかい印象になります。服のシルエットが体からちょっと浮くくらいの、**オーバーサイズ**もおすすめ。

ハードな肌には、**麻や綿、デニムなどの天然素材やブリティッシュツイード、ムートン**など、目の粗い素材や厚手で硬い生地で質感を合わせて。**コーデュロイやしわ加工など凹凸のある生地**も似合います。

Chapter 1 ｜｜ 体型と骨格は別物！まず覚えたい3タイプ ｜｜

手脚の長い伸びやかな体は
カジュアルのなかに女っぽさを演出して

Rule 1
薄めの胸元は
重ね着＆
大ぶりアクセで
グラマラスに

Rule 2
存在感のある
エスニック柄の
大きなバッグで
重心を下げて

Rule 3
強めの輪郭を
柔らかく覆う
マキシ丈が
ベストバランス

Rule 4
太めのヒールや
ボリューム靴で
重さをプラス

天然素材で
リラックス感のある
シルエットに

麻シャツ、サンゴ、コットンパンツと、ナチュラルな硬い素材で、全身をゆったりと見せましょう。ガウチョパンツとウエッジソールで、下重心を意識して。

| Point |
麻の繊維の強さで輪郭をカバー

| Point |
革や木、天然石などの天然素材が◎

Chapter 1 　体型と骨格は別物！ まず覚えたい3タイプ

> ロングカーデは
> ラフスタイルの
> 必需品

ナチュラルは、重心を下げるとバランスが整います。重さの出るロングカーデは積極的に活用して。ストンと落ちるシルエットも、ラフな印象になります。ネックレスは、おなかまでの「超ロング」がベストです。

Point
表面の凸凹で
柔らかさを

Point
下重心には太め
ヒールが最適

\ *Let's* / セルフチェック！
自分のタイプを
しっかり知ろう

「骨格スタイル分析理論」によって分類された「**ストレート**」「**ウェーブ**」「**ナチュラル**」3タイプの特徴がわかったら、次なるステップは自己診断です。あなたの骨格タイプを見つけましょう！

　正面から見るだけでなく、後ろや真横からも体のシルエットをチェックしたほうが、より正確に自己診断ができます。全身を映せる鏡があると便利ですが、ない場合は友達や家族に後ろや真横から携帯などで写真を撮ってもらいましょう。むしろ写真のほうが、自分の体を客観的に見つめられます。

　診断を始める前に大切なのは、「これまでの思い込みを取り払うこと」。「太っている」「胸が小さい」「おしりが大きい」「大柄だ」「脚が太い」など、これまで抱いてきた体型のコンプレックスや、他人に言われた苦いひとことは、きれいさっぱり忘れることが、正しい診断につながります。

　「骨格スタイル分析理論」には、**「体の個性をコンプレックスとして隠すのではなく、チャームポイントとして生かす」**という考え方があります。まっさらな気持ちで自分と向き合えば、眠っていた魅力に気づけるかもしれませんよ。自分だけでなく、友達や家族とお互いの体を見たり触れたり比較しながら確認すると、より精度も高まります。ぜひ楽しみながら診断してください。

$Check \backslash 1 /$ 筋肉や脂肪のつき方は？

- ☐ A …… 筋肉がつきやすく、二の腕や太ももの前の筋肉が張りやすい
- ☐ B …… 筋肉がつきにくく、下半身に脂肪がつきやすい
- ☐ C …… 筋肉よりも骨格や関節のしっかり感、骨太さが目立つ

$Check \backslash 2 /$ 首から肩にかけてのラインは？

- ☐ A …… 首はやや短めで、肩まわりに厚みがある
- ☐ B …… 首は長めで細く、肩まわりが華奢で薄い
- ☐ C …… 首は長めで、首の筋がしっかり見える

$Check \backslash 3 /$ 胸板の厚みは？

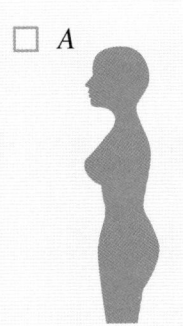

☐ A

☐ B

☐ C

厚みがあり立体的、
胸の位置は高め

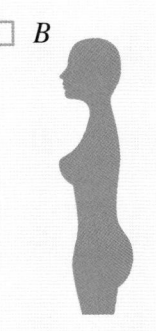

厚みがなく平面的、
胸の位置は低め

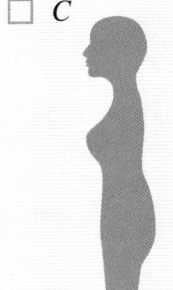

厚みよりも、肩の
ラインや骨が目立つ

Check \4/ 鎖骨の見え方は？

- ☐ A …… あまり目立たない
- ☐ B …… うっすらと出ているが、骨は小さい
- ☐ C …… はっきりと出ていて、骨が大きい

Check \5/ 肩甲骨の見え方は？

- ☐ A …… あまり目立たない
- ☐ B …… うっすらと出ているが、骨は小さい
- ☐ C …… はっきりと出ていて、骨が大きい

Check \6/ 手の大きさ、肌の質感は？

- ☐ A …… 身長のわりに小さめで厚く、肌には弾力がある
- ☐ B …… 身長のわりに小さめで薄く、肌はふわふわと柔らかい
- ☐ C …… 身長のわりに大きく、肌は硬めで指の関節や筋が目立つ

Check \7/ 腰からおしりのシルエットは？

- ☐ A …… おしりの位置が高く、腰まわりが丸い
- ☐ B …… おしりの位置が低く、腰まわりが台形
- ☐ C …… おしりが平板で、腰まわりが細長い

Check \8/ 膝から下の見え方は？

- [ ] A …… 膝は小さめで目立たず、膝下はまっすぐで細い
- [ ] B …… 膝は小さめで丸っこく出ていて、ややO脚ぎみ
- [ ] C …… 膝は大きめで骨張っていて、膝下は筋が目立つ

Check \9/ 着るとほめられるアイテムは？

- [ ] A …… シンプルなVネックニット、コットンシャツ、ボーダー柄Tシャツ、テーラードジャケット、センタープレスパンツ、タイトスカート
- [ ] B …… ツインニット、ふんわりニット、ツイードのノーカラージャケット、ウエストをシェイプした服、フレアスカート、クロップトパンツ
- [ ] C …… ざっくりニット、ロングカーディガン、麻シャツやしわ加工のシャツ、重ね着コーデ、デニム全般、マキシ丈スカート、ワイドパンツ

Check \10/ 着るとやぼったく見えるアイテムは？

- [ ] A …… チュニック、ハイウエストに切り替えがある服、しわ加工のシャツ、薄くて柔らかい素材のブラウス、ミニスカート、重ね着コーデ
- [ ] B …… シンプルなVネックニット、コットンシャツ、デニム全般、パンツスタイル、ロングカーディガン、ざっくりニット、着丈の長い服
- [ ] C …… 合成繊維のトップス、ビジューつきトップス、かっちりしたスーツ、ショート丈ジャケット、着丈の短い服、体にぴったりする服

ABCのなかで、チェック項目が多かったのはどれですか？
診断結果は次のページに！ →

自分のタイプを知ると似合う服もすぐわかる
＼ 診 断 結 果 ／

　ABCのうち、チェック項目が「一番多い」ところがあなたの骨格タイプです。自分に当てはまる項目で、Aが最も多ければ「**ストレートタイプ**」、Bなら「**ウェーブタイプ**」、Cなら「**ナチュラルタイプ**」となります。

　なかには、2つ以上のタイプで同じ数だけ当てはまったという人もいるでしょう。そんなあなたは「**ミックスタイプ**」。2種類の骨格の特性を併せ持っているので、該当するタイプどちらの服もうまく着こなせます。また逆の発想で、自分に該当しないタイプの服の特徴を覚えると、避けるべきポイントがわかっているので、「ベストな服」を最短で見つけられるでしょう。

A が一番多い人
Straight Type
ストレートタイプ

- 体（特に上半身）にメリハリがある
- 首が太くて短め、手足の小さい人が多い
- 膝下がまっすぐ伸びている人が多い
- 筋肉がつきやすく、太ると「りんご体形」になる
- バストやヒップの位置が高く「上重心」
- パーンと弾力のある肌質
- コットン、ウールなどハリのある上質素材が似合う
- シンプルでオーソドックスなデザインが得意

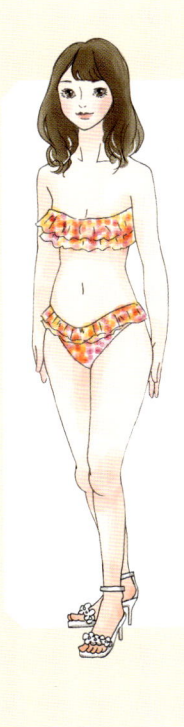

Chapter 1 体型と骨格は別物！まず覚えたい3タイプ

B が一番多い人
Wave Type
ウェーブタイプ

- 上半身に厚みがなく、華奢でフラット
- 首が細くて長い人が多い
- 脂肪がつきやすく、太ると「洋なし体形」になる
- バストやヒップの位置が低めで「下重心」
- 腰まわりが太りやすく、ふくらはぎも太め
- 柔らかでふわふわした肌質
- ポリエステルやシフォンなど柔らかな素材が似合う
- 装飾性の高いデザインや光るアイテムが得意

C が一番多い人
Natural Type
ナチュラルタイプ

- 体の厚みに関係なく、骨がしっかりしている
- 手脚が長く、やせている人が多い
- 骨太で関節が大きく、肉感的でない
- 体に凹凸が少なく、重心の偏りがない
- 太るとがっしりと「大柄」な印象になる
- 筋が強く硬い肌質
- 麻やデニムなどの天然素材、コーデュロイなど凹凸や厚みのある生地が似合う
- 長さや大きさを感じるルーズなデザインが得意

骨格タイプを知って素敵になれた人

「骨格タイプがわかると人生が変わる」というのは本当です。体の個性を魅力に変えて、充実した毎日を過ごしている女性たちをご紹介します。

服選びが理論的になったので買い物の時短が叶いました

鈴木尚子さん

骨格スタイル協会本部講師、クローゼットオーガナイザー講師。アパレルでのキャリアを生かし、服のスタイリングや整理収納術を提唱する第一人者。一日8000人が訪れる人気ブロガー。

2人目を出産後、まず、パーソナルスタイリングの仕事を始めました。私はアパレル業界でずっと服を扱ってきたので、その服が似合う／似合わないという基準をインスピレーションで判断してきました。だから、お客様からの「どうして、これが私に似合うの？」という疑問に、感覚的にしか答えられなかったんです。「骨格スタイル分析」を学んでからは理論的にアドバイスできるようになって、お客様との意思疎通がぐんとスムーズになりました。

得意な形や素材がわかったことで、私自身も驚くほど効率よく服を選べるようになりました。買い物の時短ですね。入り口でショップを見渡した瞬間、「似合う服はあのコーナーにありそう」とピンときます。「肩線が合っていることが必須」など、自分なりのこだわりポイントも見つけました。

少し難しい話になりますが、**似合うファッションの3大要素には、①色 ②形 ③素材があります。**骨格タイプで自分に似合う「形」と「素材」の2要素を認識することで、おしゃれ上手への近道にもなると思います。

> 自分の体を好きになれたおかげで
> 専業主婦からアドバイザーに
> # 安井ミカさん
>
> 骨格スタイルアドバイザー。服選びに迷う人や私服で働く人、主婦など、30〜40代の女性を中心に支持されている。特に、好感度の高いファッションに定評あり。

　女性にとっての30代以降は、いろいろと「迷う」ときだと思うんです。私も2人目を出産した頃から、何を着てもパッとせず、どんな服を着たいかもわからなくなって落ち込んでいました。そんな気分を変えたくて、「骨格スタイル分析理論」で似合う服を勉強しようと思ったんです。

　それまでは「太いところは隠す」方式で、下半身を覆うロングスカートばかりはいていました。少しでも細く見せたくて、黒い服を着ることも多かったですね。いま思えば、服の選び方もかなり後ろ向き（苦笑）。小柄だから全身のバランスも悪くなっていたし、地味な印象だったと思います。

　でもウェーブタイプとわかり、**「私の体にはこんな長所があったんだ」と考え始めたら、服選びもどんどんポジティブになりました。**コンプレックスを隠す服選びから、似合う素材や形を知ったことで、体の個性を生かす服選びとなり、そうした装いは周囲からほめられることも多くなりました。

　専業主婦だった私がアドバイザーを目指すようになったのは、自分の体を客観的に捉え、その個性に合ったファッションを楽しめる理論があることを、より多くの方にお伝えしたいと思ったからです。

ラフスタイルが似合うと再認識できて
服を選ぶ自信を取り戻しました
白杉端子さん

骨格スタイル協会認定講師。大手セレクトショップ「ユナイテッドアローズ」で20年以上にわたりのべ5万人に着こなしをアドバイス。その経験を活かして活躍中。

大好きなアパレルの仕事を通じて、おしゃれな先輩の服を真似したり、冒険心で買っては失敗したりを繰り返し、感性と経験で20年以上も「似合う服」を模索してきました。自分らしい服は感覚的に理解してきたつもりです。

でも子どもを3人出産したあと、手持ちの服が似合わないと感じ始めました。従来のカジュアルファッションのままでいいのかと、不安を覚えたんです。「母親らしい服を着たい」という気分や、年齢なりの外見の移ろいなど、自分のなかで起きた「変化」に戸惑い、自信を失いかけていました。

でも自分がナチュラルタイプで、ラフな服が似合うと再認識できたとき、「**このスタイルで正しかったんだ**」と自信を取り戻せて、いまではGoing my wayの精神で、好きなファッションを思いきり楽しんでいます。

現在の仕事でも骨格スタイル分析の理論が役立っています。自分とタイプが違う方には、私の着ている服が参考にならないことも多いのですが、「あなたはストレートタイプなので、ベーシックな服を着たり、胸元をすっきりさせると、よりスタイルアップして見えますよ」などと、感覚ではなく理論的に伝えられるので、説得力も高まりました。

> トレンドや思い込みに左右されず
> むだ買いがなくなりました
>
> # ましこえいこさん
>
> 骨格スタイル協会認定講師。アパレルなどでのデスクワークを経て、アドバイザーとして独立。カジュアルをきかせたきれいめコーデが得意で、ブログのファンも多い。

　長い間フルタイムで働いていましたが、子どもたちとの時間がもっとほしいと考えて、自分のペースでできる仕事を探していました。そんなときに、「骨格スタイル分析理論」のことを知ったんです。もともとファッションには興味があり自信もあったので、「コレだ！」と直感的にセミナーに申し込みました。そして、自分がストレートタイプだとわかったんです。

　学生時代は、レパード柄のカーディガンをよく着ていました。その頃、流行っていたこともありますが、好きな柄だったんです。でも、なんだかしっくりこなくて。骨格スタイル分析を知り、**レパード柄が私の体には合わないと知って納得しました。**どうりで当時は「肉食系女子」の迫力があったわけです。それに、いまより老けていたかも（苦笑）。ただ、やはり好きな柄なので、靴やバッグなど小物で取り入れて楽しむようにしています。

　また、以前は「ママの定番フォーマルジャケット＝ツイードのノーカラー」と思い込み、子どもの学校行事に着ることも。でも、正直違和感を覚えていました。いまではストレート向きのテーラードを好んで着るようになり、**流行や固定観念に縛られず、自分らしい着こなしを楽しんでいます。**

娘のウエディングドレス選びに役立ちました
野村貴美さん

骨格スタイル協会認定講師。元パタンナーという経験を活かし、骨格タイプ別のワンピースのデザイン・販売も手がけている。

　20年以上専業主婦をしていたので、服選びの基準は「動きやすさ」で、「おしゃれ」は二の次。ただ気になる下半身だけは隠したくて、長めでブカブカの服ばかり着ていたんです。

　そんな私が思いがけずウェーブタイプと診断され、着丈の短い服で体の線を出したほうがスタイルアップすると知ったときは衝撃的でした。真逆のことばかりしていたんですね。**得意な服を着ることでアクティブになり、生活にもハリが出ました。**最初こそ私の変身に戸惑っていた家族も、いまでは温かく応援してくれています。

　先日娘の結婚式があったんですが、ドレス選びについてアドバイスを頼まれました。娘へのはなむけとして、ささやかなプレゼントができたかなと思っています。

苦手だったアイテムも楽しめるように
加藤晴美さん

3人のママであり、エステサロンを経営するハンサムウーマン。骨格タイプはナチュラル。

　以前は、ファッションに自信がなくてパンツばかりはいていました。息子たちの部活動の手伝いなど、ライフスタイル的にもパンツが便利だったのですが、なにより「スカートは似合わない」と自分で決めつけていたんです。

　そんな私がスカートを楽しむようになったのは、2年前に骨格タイプを知ってからです。**自分の体型の嫌いなところばかりに意識が向いていましたが、そのコンプレックスを魅力に変えられるとわかったんです。**「ありのままの自分で素敵になれる」ことを実感できて、積極的になれました。

　さらに美しくなりたいと思い、ウォーキングも勉強中。仕事でも、お客様に骨格タイプに基づくアドバイスをすると喜ばれ、信頼関係を深める役に立っています。

Chapter 1　体型と骨格は別物！ まず覚えたい3タイプ

おしゃれへの情熱がよみがえりました
野村直美さん

　フェミニンな服が好きだったので、襟元が詰まったトップスやふんわりスカートといったウェーブ向きの服をよく着ていました。でも以前より太ってしまい、何を着てもしっくりこなくて、好きだった買い物が嫌いになっていたんです。
　でも似合わない原因が骨格との相性の悪さだと知り、またおしゃれを楽しみたいと思うようになりました。まわりからも、「その服、似合うね」とほめられて嬉しかったです。
　いまは多少高くても、似合う服を選んでいます。「100点以外の服は買わない」と決めたので、むだに買わなくなりました。自分の骨格に合った服を着ると、背筋が伸びてシャキッと歩ける気がします。もう少し勉強して、今後は苦手なデザインもおしゃれに着こなしたいです。

会社員。骨格タイプはストレート。私服勤務の職場でも骨格タイプを活用していて、ジャケットを着ることが多いそう。

スタイルアップをすぐに実感できるのが◎
長 景さん

　「骨格スタイル分析理論」を学ぶまでは、何となく服を着ていました。全体のバランスがおかしくなるロングジャケット。ベルトをしても、裾がいつも出てしまうシャツ。「似合っていない」と感じつつ、理由がわかりませんでした。
　でも自分がウェーブタイプだとわかり、納得しました。長いジャケットは重心を下げるのでバランスがくずれるし、平らなヒップでは、ボトムスのなかでシャツの裾が泳ぎやすかったんです。さっそく短め丈のジャケットやハイウエスト切り替えのブラウスなどにしたら、格段にスタイルがよく見えるし、いままでの疑問がすーっと解消されて、感動しました。**センスでは解決できない悩みに、効果をすぐ実感できる形で応えてくれるファッション理論だと思います。**

会社員。骨格タイプはウェーブですが、胸板にやや厚みがあり、ストレートの特性も併せ持ちます。

アレンジで着こなしの幅が広がりました
手島真理子さん

会社員。プチプラ服を品よく取り入れることができる、おしゃれなママ。骨格タイプはナチュラル。

ファッションは昔から好きですが、感覚や好みで服を選んでいたので、「この服で本当に合っているの？」と迷うこともよくありました。そんなときはコーディネートが決まらず時間がむだに過ぎたり、しっくりこない服を着てモヤモヤしたり。そのたびに少しストレスを感じていたんです。

でも**自分の骨格や似合う服が明確にわかったことで、手持ちの服を似合うようアレンジするコツを覚えました。** シンプルな紺のスーツを、ナチュラルらしくラフに袖を折って、大ぶりのロングネックレスを合わせたらママ友に大好評！ちょっとしたテクニックで印象が大きく変わるので、服選びに自信がついたし、自分らしいアクセサリーや小物にもこだわって、着こなしの幅が広がりました。

服で印象をコントロールできるように
志田ちほさん

講師業。骨格タイプはストレート。自分に似合う服を着ることで、人前で話す自信がプラスされたそう。

もともとおしゃれは好きで積極的に楽しんでいましたが、イメージ通りに決まらないとか、満足がいかないこともよくありました。でも、似合う・似合わないが「骨格」次第と知ってからは、つねに「似合う法則」を頭の片隅に置いているので、買い物やコーディネートのときの迷いが減りました。

また3つの骨格タイプからさらに踏み込んで、個別相談で自分の体だけが持つ魅力の引き出し方も教えてもらえたので、オリジナリティのあるファッションが楽しめています。

これだという服を着ていると、人前で話したり、初対面の方と打ち合わせしたりするとき、ぐんと力を発揮できます。 ファッションが決まっていると、自分らしい「強さ」や「軸」が持てるからかもしれませんね。

（インタビューの内容は取材時2016年4月のものです）

Chapter 2
少ない服でも素敵に見える秘密

次は、自分の「骨格」を一番きれいに見せるベーシックな服を揃えましょう。
ここでは参考にしやすく、着まわしのきくシンプルな定番服ばかりをタイプ別に紹介します。
自分の体にぴったり合ったベーシックアイテムがあれば自信を持てますし、
着太りの心配や毎日のコーディネートに悩まされず、積極的におしゃれを楽しめます。

4つのルールで
運命の一着がすぐわかる!

　しっかり骨格に合った服はあなたをスタイルよく、魅力的に見せてくれます。毎日のおしゃれが格段に見違えることでしょう。とはいえ、世の中にあふれる服を次々に試着して、似合う服を探すのは容易ではありません。

　そこで、服を選ぶときにチェックするべきポイントをご紹介。次の4つのルールを守るだけで、あなたに似合う「運命の一着」が必ず見つかります。これからは洋服探しが効率よく、失敗することもなく楽しめるはずです!

Rule 1　胸元のディテールで第一印象は変わる

「ネックライン」と「胸元のデザイン」が肝になります。**ストレート**は、胸元を深く開けたシンプルな形ですっきりと。**ウェーブ**は、襟の詰まった装飾性の高いデザインで胸元を盛りましょう。**ナチュラル**は、ゆったりしたネックラインと立体的な形で骨の強さを和らげるとソフトな印象になります。

Rule 2 着丈とウエストマークだけで スタイルアップ

「着丈」と「ウエストマーク」に注目して、スタイルアップしましょう。**ストレート**は、腰骨にかかる丈でウエストラインをそのまま出すのがコツ。**ウェーブ**は、短め丈でウエストを絞ると女らしいXラインが作れます。**ナチュラル**は、長めの丈でウエストを絞らずに重心を下げるとバランスが整います。

Rule 3 服の素材だけで 3キロ着やせできる

「服の素材」と「肌の質感」を合わせると、驚くほど着やせします。**ストレート**は筋肉質で弾力のある質感なので、コットンやウールなど適度なハリと厚みのある素材が調和します。**ウェーブ**は脂肪を感じる柔らかい質感なので、レーヨンやシフォン、モヘアなど、透けるソフトな素材が好相性。**ナチュラル**は皮膚に硬さがあるので、麻やデニムなどの天然素材が似合います。

Rule 4 柄物は大きさとモチーフで 選べば迷わない

難易度が高い柄物も、「柄の大きさ」と「モチーフ」さえきちんと選べば問題ありません。**ストレート**は規則的で直線的なモチーフが最適。**ウェーブ**は曲線的で細かい柄がマッチします。**ナチュラル**はその名の通り自然を連想させるモチーフや不規則な柄を選んで、洗練されたおしゃれを楽しみましょう。

Rule 1
胸元のディテールで第一印象は変わる

　全身のコーディネートで、真っ先に目がいくのは「顔」です。顔まわりから胸元にかけての装いが、第一印象を決定づけると言っても過言ではありません。手っ取り早くイメチェンしたければ、まずは骨格の個性を生かしてくれるトップスを見つけましょう。

　注目すべきは、「ネックライン」と「胸元のデザイン」です。

　上半身にメリハリのある**ストレート**は、「開きの大きいネックライン」と「装飾の少ないデザイン」を選ぶのがポイント。**胸元を大きく開けると、顔まわりがすっきりとして着やせして見えます。**また存在感があるボディには、シンプルな服のほうがバランスを整えやすいです。

　上半身が薄く、平面的な**ウェーブ**は、「開きの小さいネックライン」と「装飾の多いデザイン」がおすすめ。**デコルテにボリュームを加えることで、華やかで若々しい印象になります。**「キラキラしたもの」と相性がいいので、ビジューも積極的に取り入れましょう。

　肩まわりがしっかりしている**ナチュラル**は、「リラックス感のあるネックライン」と「立体的なデザイン」が似合います。**首まわりや胸元がゆったりした服や、しわ加工や織り模様のある生地など凹凸感のある素材で、シャープな体を柔らかく見せる**ことで女性らしさを強調できます。

Chapter 2 少ない服でも素敵に見える秘密

Straight Type
ストレートタイプ

深めのVネックで胸元をすっきり見せて

装飾がなく目の詰まったハイゲージニットは、ストレートのグラマラスなボディをひときわ美しく見せます。胸元が詰まっていると、実際よりも着太りしやすくなります。深めに開いたVネックで、シャープに決めて。

VネックよりもUネックをり優しい印象を狙うならUネックを

柔らかなイメージになるUネック。首が短めの人が多いので、開きの深いものがおすすめです。同じ理由でスクエアネックもOK。人気のボーダーTシャツも、飾りのないプレーンなデザインが似合います。

Wave Type

ウェーブ
タイプ

〜 デコルテまわりに 装飾を加えて チャーミングに 〜

上半身が平面的なウェーブは、デコルテに立体感を足すのが重要。胸元にボリュームが出て、若々しさをアピールできます。やや苦手なVネックも、丸みのあるカットなら柔らかさが出て着こなしやすい。

〜 大人のフェミニンは ビジュー×タックが 取り入れやすい 〜

「フリルやリボンはちょっと苦手」という人には、ビジューやタックを使ったアイテムがおすすめ。大人の上品な可愛らしさを演出できます。ノースリーブで肩や腕を出すと、華奢な体つきがより引き立ちます。

Chapter 2 ｜ 少ない服でも素敵に見える秘密

Natural Type
ナチュラルタイプ

ローゲージニットとクルーネックで柔らかさを

中性的に見えがちな大きな鎖骨を隠すだけで、女らしさが増します。首元の詰まったクルーネックはぜひ活用したいアイテム。ざっくりニットで体の輪郭を優しく包めば、リラックス感のある大人スタイルが完成！

無造作なスタンドカラーでこなれた印象に

基本的にどんな形のシャツカラーも似合いますが、とりわけカジュアルな雰囲気が得意。肩の力が程よく抜けたスタイルで決めて。女性らしい胸元を演出するピンタックも、イメージアップに一役買います。

Rule 2

着丈とウエストマークだけでスタイルアップ

　女性なら誰だって、少しでもスタイルよく見せたいですよね。タイトな服を着たり、逆にルーズな服で気になる部分を隠してみたり……。ただ工夫しても代わり映えしないどころか、かえって太って見えることもあります。そんなとき、**骨格に合った「着丈」と「ウエストマーク」を意識すれば、間違いなくスタイルがよく見えます。**

　ストレートは**腰の骨にかかるジャスト丈で、腰まわりをすっきりさせる**と着やせ効果てきめん。もともとが肉感的なので、ウエストを絞りすぎるとむっちりとした印象に……。体からつかず離れずのジャストサイズのジャケットを選ぶと、最もすっきりときれいなボディラインを生かせます。

　ウェーブは**ショート丈で重心を上げる**と、全身のバランスがよくなります。体が平面的なウェーブこそ、ウエストマークが効果的。ジャケットも高い位置でウエストを絞って「Xライン」を作ると、ウエストのくびれや華やかでエレガントな雰囲気を強調できるでしょう。

　ナチュラルは**ロング丈で、重心を下げる**とバランスよく決まります。少しオーバーサイズの服で体とすき間を作ると、カジュアルななかにも柔らかな女らしさを感じさせることができます。同じ理由で、ジャケットのウエストもあまり絞らないストンとしたデザインのほうが似合います。

Chapter 2 ｜｜ 少ない服でも素敵に見える秘密 ｜｜

Straight Type
ストレートタイプ

すっきり見せるなら第1ボタンは鳩尾（みぞおち）の下が目安

Vゾーンの開き具合は着やせを左右する最重要ポイント。第1ボタンが鳩尾の少し下にあれば、胸元が深くなるので、ジャケットを選ぶときは必ずチェックして。腰の骨にかかる丈がベストバランスです。

前の開きが直線的なシルエットのノーカラーが◎

ストレート向きのノーカラージャケットは、襟元がV字のもの。縦に長く「抜け」を作ると、すらりと見えます。ウエストの絞りは「きつすぎず、ゆるすぎず」が鉄則。メリハリのある体を強調せず、品よくまとめましょう。

43

Wave Type

ウェーブタイプ

重心を上げる短め丈が大原則!

ウェーブにおすすめなのが、華やかなファンシーツイードのノーカラージャケット。短い着丈や細身のシルエットで上重心にすると、スタイルがよく見えます。さらにウエストを絞ると、細さも印象づけられます。

テーラードは浅めのVゾーン×ウエストシェイプ

テーラードも胸元の開きは浅めが正解。ハイウエストの絞りが、ウエストを細く、腰の位置を高く見せてくれます。Vゾーンや裾は丸みを帯びた女性らしいデザインを選ぶと、ウェーブの雰囲気にぴったり合います。

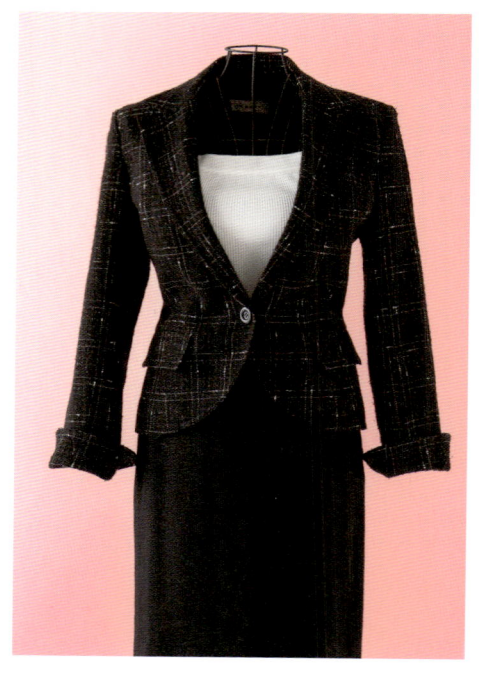

Chapter 2 少ない服でも素敵に見える秘密

Natural Type
ナチュラル タイプ

ボックスシルエット ×ダブルボタンの 男前デザインで

ウエストの絞りがゆるいボックスシルエットで、Vゾーンが鳩尾の下まで深く開いた形を。ラフコーデが似合うナチュラルならだらしなく見えず、こなれた大人の余裕が漂います。袖をくしゃっとたくし上げても素敵。

おしりが隠れる ロング丈で バランスよく

ビッグシルエットが得意なナチュラルは、おしりが隠れるようなロングジャケットも、「間のび感」なく着こなせます。ゆったりしたコーデが似合うので、ジャケットのボタンを留めずにサラリとはおってもOKです。

45

Rule 3
服の素材だけで 3キロ着やせできる

「骨格スタイル分析理論」には、**「まず値札よりもタグを見る」**というルールがあります。服選びでは、タグに書かれた素材にこそこだわるべきだからです。「形」は骨格に合っていても「素材」が合っていないと、着太りしたり服が安っぽく見えたりします。

筋肉がつきやすい**ストレート**は、コットンやウールなど程よく厚みとハリのある素材が、弾力のある体に負けないのでおすすめです。また**シルクやカシミアのように上質な素材**も、ストレートの持つリッチな質感と相性がいいです。

骨が細くて脂肪を感じさせる柔らかい質感の**ウェーブ**は、レーヨンやシフォンなどの薄くて柔らかい素材が似合います。**ファンシーツイードやモヘアなどのふんわり素材、ポリエステルなど光沢感のある素材**も、ウェーブのソフトな質感にぴったりです。

骨格や関節がしっかりしていてやや硬めな質感の**ナチュラル**は、リネンやデニムといった地厚で丈夫な素材がよく合います。コーデュロイや糸の太いローゲージニットなど**表面に凹凸のある生地**も、骨格の強さを和らげて女性らしく見せてくれるので積極的に取り入れましょう。

また自分に合う素材は着たり触ったりしたときに心地よく感じられるので、触った印象で相性を判断するのもありです。

Chapter 2　少ない服でも素敵に見える秘密

Straight Type
ストレート
タイプ

弾力のある体には ハリのある 綿100％素材を

ストレートの体の特徴は筋肉に象徴されるハリや弾力です。この質感に合うのは、適度な硬さのあるコットン100％素材。フワフワしたものやストレッチ素材は、豊かな肉感を悪目立ちさせるので避けたほうが◎。

凹凸のない フラットな素材で 太ももを細く

太ももの前面が張りやすいストレート。「脚が太く見える」とスカートに苦手意識を持つ人も多いのですが、表面がフラットな素材を選べば大丈夫。コットン主体の生地で、余分なボリュームを削ぎ落としましょう。

47

Wave Type

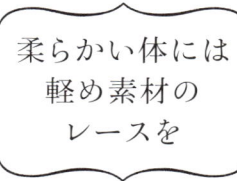

ウェーブタイプ

柔らかい体には軽め素材のレースを

ウェーブの体の特徴は、脂肪を感じさせる優しく柔らかい質感。ソフトな素材や透けるもの、ストレッチ素材を選べば違和感なく着こなせます。歩くたびに揺れるレースのスカートも、女性らしさを演出してくれます。

ふんわり広がるシフォンで腰まわりをカバー

ポリエステル100%のシフォンスカートは、柔らかく軽い質感がウェーブの体と調和して、華やかで洗練された印象になります。さらにふんわりしたAラインなら、腰まわりのボリュームも抑えられ、スタイルよく見えます。

Chapter 2 ｜｜ 少ない服でも素敵に見える秘密 ｜｜

Natural Type
ナチュラルタイプ

強さのある体に合うのは地厚で硬い生地

皮膚に厚みがあり、しっかりとした質感が特徴。麻やデニム、ウールといった天然素材や、素朴でナチュラルな風合いの服が似合います。生地が厚いほうが、マニッシュなスタイルが女性らしく決まるでしょう。

コーデュロイの厚みと凹凸でラインを和らげて

地厚なコーデュロイもナチュラル向き。立体的な「うね」があると、がっしり見えがちなシルエットを柔らかくカバーできます。膝を見せると関節の大きさが目立つので、ナチュラルのスカートは膝下丈〜ロングが正解。

Rule 4
柄物は大きさとモチーフで選べば迷わない

　インパクトのある柄物は、着こなしを一気に華やかにしてくれる便利なアイテム。ここぞという日のために一枚は持っておきたいものですが、「コーディネートが難しそう」とか「派手になりそう」「おしゃれ上級者にしか着こなせない」という消極的な理由で、ついつい無地を選んでいる人が多いのではないでしょうか？　じつは**柄物は、「柄の大きさ」と「モチーフ」さえ骨格に合うものを選べば、誰でもきれいに着こなせるんです。**

　きちんとコーデが得意な**ストレート**には、「**規則的**」「**直線的**」なモチーフがベストマッチ。幾何学柄やストライプ柄でもダイナミックな「大きい柄」を選ぶと、ボディラインの美しさが際立ちます。

　ふんわりフェミニンな服が似合う**ウェーブ**は、「**曲線的**」「**小さめ**」をキーワードに柄を選んでみましょう。大きな花柄などモチーフの大きい強い柄は、その迫力にウェーブの華奢な体が負けてしまいます。小花柄など優しくて繊細な「細かい柄」ならバランスがきれいにとれます。

　ラフな服がはまる**ナチュラル**には、「**自然**」「**カジュアル**」なモチーフがぴったりです。変則的なものとも相性がいいので、着こなしの難しい「ランダム」な「大きい柄」が、誰よりもスタイリッシュに決まります。

Chapter 2 ｜｜ 少ない服でも素敵に見える秘密

Straight Type
ストレートタイプ

クールな幾何学柄は凛々しいイメージと相性抜群！

ストレートには、規則的な柄がおすすめ。大きい柄ほど直線部分が強調されて、肉感的な体をすっきり見せてくれます。柄にインパクトがあるぶん、ベーシックなデザインのほうが着こなしやすいでしょう。

直線的な格子柄がメリハリボディの魅力を引き立てる

その名の通り「ストレート」なモチーフが得意なので、格子柄やボーダーといった直線の規則的な柄を存分に楽しんで。不規則なアニマル柄は、曲線の多いレパード柄より直線的なゼブラ柄のほうが似合います。

ほかにもこんな柄が似合う！

| ストライプ柄 | ゼブラ柄 | アーガイルチェック |

51

Wave Type

ウェーブタイプ

曲線メインの細かい柄で軽やかに

小さい丸が一面に描かれた華やかワンピ。小さくて軽やかなモチーフが得意なウェーブは、ボリュームを感じさせない細かい柄が似合います。ドットや千鳥格子、小花柄などは、女性らしい体にぴったりです。

大人っぽいオプティカル柄も見逃せない

曲線的な模様が大胆に広がるオプティカル柄は、甘いコーデが苦手な人にもぜひ活用してほしいエレガントなモチーフ。またハードな印象になりがちなレパード柄も、華奢なウェーブならフェミニンに着こなせます。

ほかにもこんな柄が似合う！

| 小花柄 | レパード柄 | ギンガムチェック |

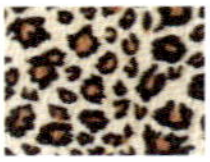

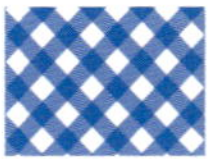

Chapter 2 ｜｜ 少ない服でも素敵に見える秘密

Natural Type
ナチュラル タイプ

動きのある柄や 自然モチーフの柄が なじみやすい

花だけでなく、葉や枝も力強く描かれたボタニカル柄が、より自然な雰囲気で着こなしやすいでしょう。カモフラージュ柄もOK。柄の大きさは不規則なほうが、ナチュラルらしいカジュアルな魅力を引き立たせてくれます。

柄物初心者は タータンチェックから 始めてみて

大きくてはっきりした柄と相性がいいので、柄物に慣れていない人は、大柄のタータンチェックから挑戦するといいでしょう。ほかにアーガイルチェックや大きめのギンガムチェックなども、かっこよく着こなせます。

ほかにもこんな柄が似合う！

ペイズリー柄　エスニック柄　大きめのギンガムチェック

Basic Item

最高に似合うベーシックアイテムの選び方

　着まわしがきいてコーディネートの基本となるベーシックアイテムこそ、とことん形と素材にこだわるべきです。骨格に合った形を着ると、いつもの着こなしがぐっとあか抜けて、スタイルもよく見えます。自分にとって最高の一着を選んで、みんなと差をつけましょう。

　ストレートは**着丈も身幅もジャストサイズが鉄則**。ハリのある素材を選ぶと、体のボリュームに負けません。飾りけのないシンプルな服のほうが、グラマラスな体型を美しくほっそりと見せてくれます。ジャストサイズが似合うので、服の「肩線」をきちんと合わせることも忘れずに。

　ウェーブはメリハリのある**Xラインを作る**のが大切。着丈の短い服や胸元に装飾のある服で重心を上げると、スタイルアップできます。シフォンなどのふんわり素材が、軽くて柔らかい肌の質感と相性抜群。ウエストをキュッと絞ると、華奢な印象がさらに強まります。

　ナチュラルはとにかく**ビッグシルエット**を心がけて。着丈も身幅も少し大きめの服で体を泳がせると、大人の色気を演出できます。地厚な素材やしわ加工など表面に凹凸のある服が、力強い肌となじんでスタイリッシュに見えるでしょう。ルーズ、カジュアル、リラックスなどのキーワードを思い浮かべて、肩の力が抜けた一枚を探してみてください。

Chapter 2 少ない服でも素敵に見える秘密

Basic Item 1
Tシャツ

単独使いでもインナーとしても重宝するTシャツですが、バリエーションが多いので、ベストのものを見つけるのは至難の業。「シルエット」と「袖のデザイン」が決め手です。

Straight Type
ストレートタイプ

ジャストサイズ&まっすぐな袖ですっきりと

プレーンな一枚。程よくフィットするサイズで、体のラインをきれいに出して。直線的な形の袖で気になる上腕のボリュームを抑え、肩まわりを細く見せます。Tシャツの場合も、深めのVネックがおすすめ。

Wave Type
ウェーブタイプ

タイトなシルエットとふんわり袖でメリハリを

ストレッチ素材の細身で短めの着丈が、女らしい体つきを引き立てます。全体に線が細いぶん、ディテールは華やかに。レースつきのパフスリーブで顔まわりにアクセントをつけると、若々しく小顔に見えます。

Natural Type
ナチュラルタイプ

ルーズな形とドロップショルダーで柔らかく

ゆとりのある身幅や長めの袖、肩先を落として丸みを出した肩線が、がっしり感を和らげます。クルーネックで肌の露出を抑えると、よりスマート。アシンメトリーな裾も、こなれた感じの着こなしを演出できます。

Basic Item 2
白シャツ

清潔感がある白シャツは、きちんとコーデを作るためのマストアイテム。「襟のデザイン」と「素材」をポイントに選べば、あなたの好感度をぐっと高めてくれるはずです。

Straight Type
ストレートタイプ

Wave Type
ウェーブタイプ

Chapter 2 ‖ 少ない服でも素敵に見える秘密 ‖

Straight Type
ストレートタイプ
オーソドックスな襟と パリッとした綿素材で 知的に見せるのが◎

大きすぎず、小さすぎない標準的な襟がベスト。細い綿糸で織られた生地など、適度なハリのある素材が弾力のある肌となじみます。襟を立てたり、第2ボタンまで開けたりすると、首が長く見えて着やせ効果あり。

Wave Type
ウェーブタイプ
小さめの襟と 薄くて透ける素材が 軽やかボディと調和

ノーカラーが得意なウェーブには、小ぶりな襟が似合います。ポリエステル生地のギャザーなどで胸元に立体感を出すと、よりソフトでフェミニンな印象に。裾はボトムスにインして、ウエストの細さを強調しましょう。

Natural Type
ナチュラルタイプ
メンズライクな ボタンダウンシャツを ラフに着こなして

ポロ競技用のウエアが起源とされるボタンダウンシャツは、カジュアル服が似合うナチュラルにぴったりです。袖をくしゅっとまくっても小粋。ハードな肌には、太い糸で織った地厚で硬い生地が好相性です。

Natural Type
ナチュラル タイプ

Basic Item 3
タートルネック

一枚あれば重宝するタートルネックですが、じつは着太りしがちな難しいアイテム。骨格に合った「シルエット」と「編み地」を選べば、全身をバランスよく見せられます。

Straight Type
ストレートタイプ

Wave Type
ウェーブタイプ

Chapter 2 ｜ 少ない服でも素敵に見える秘密

Straight Type
ストレートタイプ
スタンダードな形×ハイゲージニットで顔まわりをすっきりと

基本的に襟の詰まった服は苦手ですが、ぴったりしすぎないタートルなら問題なし。細い糸で編まれたハイゲージが、体をすっきり見せます。ロングネックレスで縦長のVラインを作れば、首が長く見えて効果的。

Natural Type
ナチュラル
タイプ

Wave Type
ウェーブタイプ
オフタートルとのギャップで顔を小さく見せて

顔まわりを華やかに、という方程式をここでも活用します。タートルと顔のボリュームの差が大きければ、小顔効果が高まります。細くて柔らかい糸で編んだミドルゲージが、柔らかい肌にしっくりなじむでしょう。

Natural Type
ナチュラルタイプ
オフタートル＆ローゲージニットで輪郭に丸みをプラス

ウェーブ同様、上半身に厚みがないのでボリュームを出せるオフタートルが正解。太い糸でざっくり編んだニットは、体のエッジを和らげます。また見た目の印象もソフトになるので、女っぽさもアピールできます。

Basic Item 4
Vネック ニット

一口にVネックニットといっても、「Vゾーンの開き具合」や「胸元のディテール」によって、印象がガラリと変わります。運命の一着を見つけるために、試着は必ずしましょう。

Straight Type
ストレートタイプ

シンプルな形と直線的&深めのVカットがマスト

ストレートお得意のVネックは「深め」「直線的なカット」が鉄則。顔まわりをシャープに見せます。フラットなハイゲージで、体の線を潔く出すのもスタイルアップのコツ。ジャストサイズかも、しっかり確かめて。

Chapter 2 ｜｜ 少ない服でも素敵に見える秘密

Wave Type
**ウェーブ
タイプ**

浅めのVカットと
ビジューな胸元で
フェミニンに

上半身が薄いので、胸元をざっくり開けるとさびしい印象に。開きは浅いほうが賢明です。Vネックでも横広に開いたものや曲線的なラインが女らしく見えます。パールやフリルなど装飾のあるデザインで華やかに。

Natural Type
**ナチュラル
タイプ**

ルーズなネックライン
袖、シルエットで
大人カジュアルに

肩のラインが丸いドロップショルダーにかなり深めのVネック、ダボッとしたオーバーシルエットなどラフな魅力の一枚。Vネックのかっちりした印象が緩和されて、こなれたスタイルが得意なナチュラルによく合います。

Basic Item 5
カーディガン

シンプルコーデを華やかにしたいときや少し肌寒いとき、カーディガンは一枚で何役もこなしてくれる実力派。あか抜けて見せるには、「着丈」と「ネックライン」が重要です。

Wave Type
ウェーブタイプ

Straight Type
ストレートタイプ

Chapter 2 ‖ 少ない服でも素敵に見える秘密 ‖

Straight Type
ストレートタイプ
シンプルで
高品質なVカーデが
究極の一枚

編み目が目立たないハイゲージ×飾りのないプレーンなデザインが、相性抜群。体そのものに存在感があるので、地味な印象にはなりません。胸元が窮屈に見えないよう、鳩尾までざっくり開いたVネックを選んで。

Wave Type
ウェーブタイプ
ショート丈&
胸元ビジューで
バランスアップ

下重心のウェーブは、トップを小さくまとめることがスタイルよく見せる第一歩。ウエスト下ぐらいがベストな着丈です。胸元には小粒のビジューやパールで、品のいい甘さとボリュームを足して華やかに見せましょう。

Natural Type
ナチュラルタイプ
ラフなロングカーデは
ナチュラルこそ
様になる

長さのあるコーデが得意なナチュラルにとって、バランスの難しいロングカーデはお手のもの。だらしなく見えず、スタイリッシュに着こなせます。ざっくりしたローゲージの編み模様も、力強い骨格をカバーしてくれます。

Natural Type
**ナチュラル
タイプ**

Basic Item 6
パンツ

下半身をすっきり見せようと、ぴったりしたパンツを選ぶと逆効果な場合も。「細身のパンツ＝スリムに見える」とは限りません。骨格に合った「丈」と「太さ」を覚えましょう。

Straight Type
ストレートタイプ

〜 センタープレス×
くるぶし丈の
きれいめクロップトを 〜

基本的にパンツは得意ですが、きちんと見えるセンタープレスがおすすめ。ストレートパンツでIラインを意識すれば、スタイルがよく見えます。九分丈〜フルレングスが黄金バランス。ハリのある素材を選んで。

Chapter 2 ｜ 少ない服でも素敵に見える秘密

Wave Type
ウェーブ タイプ

半端丈が得意だから 短めのクロップト パンツが狙い目

丸い膝が目立つハーフパンツ以外なら、どんな半端丈でも重心を上げるのに有効。ストレッチ素材のスリムパンツのほか、化繊のふんわりしたタックパンツも似合います。カジュアルに決めるならショート丈もOK。

Natural Type
ナチュラル タイプ

ワイド、ロング丈など 裾にボリュームのある パンツが鉄板

ワイドなシルエットや脚全体が隠れるフルレングスなど、重量感のあるパンツが味方。ナチュラルらしい、ラフな雰囲気に仕上がります。裾を折った男性的なデザインも◎。生地は、地厚で風合いのある素材が合います。

Basic Item 7
デニム

誰もが一本は持っているデニムパンツ。カジュアルコーデが苦手なストレートとウェーブも、「シルエット」と「素材感」の組み合わせ次第で自分らしくはきこなせます。

Straight Type
ストレートタイプ

自然なブーツカットと色落ちのない生地できちんとした印象に

ストレートのカジュアルは「くだけすぎない」ことが重要。色落ち加工のない濃紺のブーツカットなら、ベーシックパンツの感覚で上手にはけます。程よい厚みとハリのある生地が弾力のある肌とマッチ。

| Point |
きれいめな濃紺が正解

Chapter 2 ｜｜ 少ない服でも素敵に見える秘密 ｜｜

Wave Type
ウェーブ
タイプ

ストレッチ素材の
スキニータイプが
断然似合う！

ウェーブのデニム選びで大切なのは、ストレッチがきいていること。スキニータイプでスレンダーな体を強調すると、セクシーで素敵です。細い糸で織ったソフトな生地が、肌ともなじみやすいでしょう。クロップトがベター。

| Point |
色ムラのない
薄い生地を

Natural Type
ナチュラル
タイプ

ダメージ、ウォッシュ
加工されたデニムを
着こなして

ボリューム満点のバギーやクラッシュデニム、裾が切りっぱなしのタイプなど、個性の強いデザインがハマります。安っぽさやだらしなさを感じさせず、洗練されたカジュアルスタイルを楽しめます。

| Point |
ダメージ加工も
色落ちもOK！

Basic Item 8
テーラードジャケット

オフィシャルな場はもちろん、テーラードジャケットはカジュアルコーデにも使える便利なアイテム。押さえておくべきは、「胸元」「着丈」「ウエストの絞り」の3点です。

Wave Type
ウェーブタイプ

Straight Type
ストレートタイプ

Chapter 2 ‖ 少ない服でも素敵に見える秘密 ‖

Straight Type
ストレートタイプ
オーソドックスさが◎ ストライプ織りで 着やせ効果も倍増

ウエストを少し絞ったテーラードなら、きれいな体の線が映えます。着丈が長いとだらしなく、短いと窮屈に見えるストレートは、腰丈が最適。深めのVゾーンで、首や胸元を伸びやかに見せるとスマートな印象です。

Wave Type
ウェーブタイプ
コンパクトな作りと 立体的なディテールで 女らしい雰囲気に

身長に関係なく、コンパクトな作りが決め手。着丈は短めで、袖は七分や折り返して短く、Vゾーンは浅めのものを選びましょう。襟の丸みや胸元にシャーリングなどの装飾があると、バランスがよくなります。

Natural Type
ナチュラルタイプ
男前なダブルは ラフな魅力の ナチュラルならでは

体の線を出さないほうが女らしく見えるので、ウエストシェイプがゆるいボックスタイプが正解。おしりが隠れる長めの着丈で、袖筒も太めがいいでしょう。ポケットの位置が低いと、「長さ」も演出できます。

Natural Type
ナチュラルタイプ

Basic Item 9
トレンチコート

流行や年齢に関係なく、ずっと着られるトレンチコート。「一生もの」を見つける気持ちで、自分だけの一着を探しましょう。チェックすべきは「素材感」と「襟のデザイン」。

Straight Type
**ストレート
タイプ**

ハリのある綿素材と
シンプルな襟で
シャープに決めて

適度な硬さとハリのある綿100%が、厚みのある体を上手にカバーします。体自体にメリハリがあるので、余計な装飾はいりません。ベルトはきつすぎずゆるすぎずウエストちょうどで締めると、品よく着こなせます。

| Point |

ジャストウエスト
が原則

Chapter 2 ｜｜ 少ない服でも素敵に見える秘密 ｜｜

Wave Type
**ウェーブ
タイプ**

光沢のある化繊素材と 胸元の詰まった襟で エレガントに

ポリエステルなど、軽くてソフトな肌質に合うものを選んで。胸元の開きも小さいほうが、顔まわりを美しく見せます。ベルトは高めの位置で立体的な結び目を作ると、細いくびれをより強調できてスタイルアップ。

| Point |

ハイウエストに
キュッと結んで

大きな襟と地厚素材で 大柄な印象を カモフラージュ

Natural Type
**ナチュラル
タイプ**

ウールやコットン主体の地厚で硬い生地は、迫力のある肌に負けません。ハードなダブルボタンと大きな襟が、ナチュラルの中性的な体つきによく合います。襟を立ててもクール。ベルトはローウエストの位置で無造作に結んで。

| Point |

低めにゆるく
締めて

Basic Item 10
ウールコート

アウターは持つ枚数も限られます。だからこそ、自分に似合う一着を堂々と着たいですね。冬に活躍するウールコートは、「襟のデザイン」と「ディテール使い」に注目して。

きれいめコーデが得意なストレートはチェスターコートを

チェスターコートのかっちり感とウールの持つ上質さが、リッチな体にマッチします。胸元の開きはもちろん深めで。装飾はなるべく省きたいので、ボタンも本体となじむ同系色に。とことんシンプルを極めてよし！

Straight Type
ストレートタイプ

ダウンコートなら

厚手でカジュアルなアイテムは、**ストレートには基本的に不向き**。ただ縫い目が縦長に入った薄めのもの（縦長キルト）なら、端正な印象もあり上品に着られます。素材はレザー調や上質なツイード、光沢のないポリエステルが◎。ダウンベストなら、さらにバランスがよくなります。**ウェーブは短い着丈と細身のシルエットが鉄則**。フリルやショールカラーで、顔まわりにボリュームを持たせましょう。ウエストをマークできて、スタイルアップが叶うベルトつきがおすすめ。**ナチュラルこそダウンがもっとも似合います**。ただポリエステルなどの光沢素材と相性が悪いので、レザー調、ツイードといったマットな厚手の生地が正解。またリボンやフリルなどの装飾はやぼったくなるので、極力シンプルなデザインを選びましょう。

Chapter 2 ｜ 少ない服でも素敵に見える秘密

Wave Type
ウェーブ
タイプ

たっぷりのファー、プラスチックボタン、腰高ベルトで可愛く

軽やかな肌質のウェーブは、ファーの「フワフワ感」やプラスチックボタンの「キラキラ感」と好相性。ほんのり甘さのあるコートがイチ押しです。ボタンやベルトの位置が高めで、重心が上がるデザインを選んで。

Natural Type
ナチュラル
タイプ

ショールカラーとゆったりフォルムで丸みをプラス

身幅がたっぷりしたショールカラーの一枚は、前を開けてさらりと着こなしましょう。襟や肩のラインが丸みを帯びているので、がっしりした肩が目立ちません。ベルトを締めずラフにはおると、小粋な大人のスタイルが完成。

Column 1

最強ショップの見つけ方

　買い物に時間をかけたくないなら、自分の骨格タイプ向きのお店を見つけるのがベストです。ストレート向きからナチュラル向きまで幅広いアイテムが揃うセレクトショップもあれば、いかにもウェーブ向きのゆるふわ系ファッションのネットショップまで、無数にあります。そんななかから最強ショップを見つけるには、そのブランドの「形」「素材」「着丈」の傾向をしっかりチェックすることが重要です。

　ストレートのプチプラなら、「ユニクロ」が断然おすすめです。高品質なベーシックアイテムが手軽に揃います。人気ブランド「iCB」「セオリー」なら、洗練されたシルエットや上質素材の服をジャストサイズでスタイリッシュに着こなしましょう。

　ウェーブのプチプラなら、「フォーエバー21」「GU」はフェミニン服が豊富です。フリルなど可愛らしいデザインが苦手な人は、ソフトな素材を選ぶだけでも印象が変わります。「ジルスチュアート」「アナイ」なら、甘すぎない大人可愛いアイテムが見つかるはずです。

　ナチュラルのプチプラは、「無印良品」「GAP」などカジュアルファッションに定評のあるお店をチェック。「ディーゼル」「ラルフローレン」では、ラフななかにもセンスを感じる天然素材の服を楽しんでください。

　いくつもお店を見てまわる時間がないときは、ショーウインドウをじっくり眺めればどんな服が揃うか大体目星がつきます。むだを省いて、自分にぴったり合う運命の一着を見つけてください。

Chapter 3
小物でもっと「似合わせる」魔法

着たい服を「自分のタイプと違うから」と、最初からあきらめなくても大丈夫です。
苦手な服でも、自分の「骨格」に合った小物を使えば、似合うように着こなせます。
「好きだけど似合わない」と出番のなかったたんすの肥やし服があれば、体の個性を生かす「似合わせ」テクニックでよみがえらせましょう。

Technique

自分のタイプと合わない服は「似合わせ小物」で生かす

「自分のタイプ以外の服を買ったり、持ったりしちゃいけないの？」と落ち込む必要はありません。「骨格スタイル分析理論」には、「似合わせ」という言葉があります。これは「服を自分に似合うようアレンジして着る」テクニックのこと。骨格タイプと合わない服も、小物次第でもっと素敵に見せられます。

　まず**ストレート**は「**直線的、平面的な小物**」を選んでください。ハリのある体をシャープに見せてくれます。**シンプルで規則的なデザイン**も、着やせ効果が高め。ダイヤモンドやルビーといった**貴石、メタル、表革**などの**上質素材**が、ストレートタイプの持つ高級感にマッチします。

　ウェーブは「**繊細な小物**」が似合います。小さなパーツの集合体や丸みのあるデザインは、フェミニンな雰囲気にぴったり。またガーネットやアメシストなど、柔らかな肌には**軽やかな光を放つ半貴石**が相性抜群。ピカピカした**樹脂製**の小物も安っぽく見えず、華やかな印象になるでしょう。

　ナチュラルは「**大ぶりな小物**」を取り入れて。厚みや重み、長さを感じるデザインが、骨太で伸びやかな体とバランスがとれます。ごつめのアクセを、ジャラジャラと重ねづけしてもいいでしょう。**天然素材のターコイズやサンゴ、木製のもの**などを身につけると、最高にセクシーです。反対にキラキラ、テカテカと光る素材は合わないので、マットな質感のものを選んで。

Chapter 3 　小物でもっと「似合わせる」魔法

似合わせ小物 1
アクセサリー

女性らしさを演出するアクセサリーは、シンプルな服の印象を変えるのにも役立ちます。「長さ」「大きさ」「素材感」にこだわって、スタイルアップする方法を覚えましょう。

Straight Type
ストレートタイプ

高級感のある
端正なデザインで

5cm径以上のフープピアスや5mm幅のチェーンネックレス、8mm径以上の本真珠や一粒ダイヤなど、存在感のあるものがボディによく合います。苦手な首の詰まった服には、鳩尾(みぞおち)までのロングネックレスでV字ラインを作り縦長に。耳元で大きく揺れるものは、振り幅の分だけ横に広く見えてストレートには不向きです。

77

Wave Type
ウェーブタイプ
小さい粒を集めて ボリュームアップ

厚みのない胸元には、立体感を出すアクセサリーが必需品。8mm径以下のミニパールなど、小さいモチーフや光る素材をぎゅっと集めたデザインが最適です。耳元は揺れても揺れなくてもOKですが、小ぶりが鉄則。首から肩のラインが華奢なので、長すぎるネックレスはバランスが悪く見えます。チェーンも細めを選びましょう。

Chapter 3 ｜｜ 小物でもっと「似合わせる」魔法 ｜｜

Natural Type
ナチュラルタイプ
見映えのする
大ぶりアクセが
骨格とマッチ

インパクトが強すぎるくらいのデザインが映えます。手脚が長く、しなやかな上半身に釣り合うのは、鳩尾〜おなかのロングネックレスや大ぶりの揺れるイヤリング。バロックパールなどの不揃いなモチーフや貝や木などの天然素材、いぶし加工した金属もハードな肌によくなじみます。

似合わせ小物 2
時計

「時計を見ればその人がわかる」と言うとちょっと大げさですが、時計が印象を左右するのは事実。注目されやすいアイテムだからこそ、服を自分のタイプに近づけてくれます。

Straight Type
**ストレート
タイプ**

〜 カジュアル服も
かっちり時計で
きれいめに 〜

直線的でオーソドックスなデザインが、ストレートのハリのある体に合います。ベルトは表革のレザーや金属、フェイスの形は円か長方形がベスト。ベルトは、細すぎず太すぎないものを。

Chapter 3 小物でもっと「似合わせる」魔法

Wave Type
ウェーブ
タイプ

繊細な作りで
ほっそり手首に
視線を集めて

ウェーブの細い手首には、小ぶりで華奢な時計が一番です。フェイスの形は円か正方形がおすすめ。凝ったデザインでさりげなく女らしさをアピールすれば、苦手なシンプル服にも華やかさを添えてくれます。

Natural Type
ナチュラル
タイプ

ごつめデザインで
遊び心と
インパクトを

きちんとした服や可愛いしい服を着るときは、時計でハズすと上手に着こなせます。インパクトが強いもの、特に大ぶりタイプが骨の強さをカモフラージュしてくれます。メンズものを、ラフにつけても様になる！

似合わせ小物 3
巻き物

「素材」と「柄」を変えるだけで、たちまち雰囲気が変えられる巻き物は強い味方。タイプごとに一番似合う「巻き方」があるので、苦手な服を今すぐスタイルアップできます。

Straight Type
ストレートタイプ

{ カシミア、シルクを縦に垂らしてIラインに }

筋肉質でリッチな体には、ハイゲージの高級素材が似合います。首に長く垂らして、すらりと見せましょう。タータンチェックなどの定番柄や無地、エルメス風の柄がおすすめ。フリンジは短めで直線的なものが正解。

Chapter 3 ‖ 小物でもっと「似合わせる」魔法 ‖

> 曲線的な柄と
> ふんわり素材で
> ボリュームを

Wave Type
**ウェーブ
タイプ**

胸元にボリュームを足すため、コンパクトにぐるぐる巻きましょう。毛足の長いティペットやシフォン素材のストールで、顔まわりを華やかに飾ってみても。丸みのあるオプティカル柄やドット柄などを選んで。

Natural Type
**ナチュラル
タイプ**

> 天然素材の
> 大判ストールで
> ワイルドに

大判ストールをたっぷり巻くのがナチュラル流です。繊維の強い麻やウール、大きなペイズリー柄などが◎。切りっぱなしの端や無造作な感じのフリンジなど、インパクトのあるデザインでシンプル服を変身させて。

似合わせ小物 4
ベルト

ボディラインを強調するベルトは、「似合わせ」の隠し味にぴったり。タイプごとの「素材」と「締める位置」のルールを守れば、いつもの服も格段とスタイルアップして見えます。

Straight Type
**ストレート
タイプ**

―― 上質な表革×
角形バックルで
ジャストウエストに ――

体自体にハリがあるので、余計な飾りはないものを選んで。厚みのある上質レザーで、タイトなシルエットを作りましょう。バックルの形は長方形が基本。ジャストウエストの位置で、程よい加減に締めるときれいです。

Chapter 3 ｜ 小物でもっと「似合わせる」魔法

Wave Type
ウェーブ
タイプ

柔らかい
細ベルトで
くびれを強調

スエードやハラコなどの起毛素材やゴムベルトを、ジャストウエスト〜ハイウエスト位置にきつく締めて。全身をXラインに仕上げれば、苦手な服も女らしく着こなせます。パンチをきかせるならレパード柄を。

Natural Type
ナチュラル
タイプ

太ベルトを
低くゆるく締めて
カジュアルに

表面が凸凹したメッシュベルトやターコイズつきの太ベルトなど、個性的なものをローウエストにゆるっと巻いて。苦手なタイト服でもラフなシルエットになり、腰の骨のハリもさりげなくカバーしてくれます。

似合わせ小物 5
バッグ

トータルファッションに欠かせないのがバッグ。小物のなかでも特に目に留まりやすいので、「似合わせ」に活用しない手はありません。「形」と「大きさ」が決め手です。

Straight Type
ストレートタイプ

〜 かっちりした ボックスフォルムで きりりと 〜

直線的なかちっとした形、特に横長の長方形がきちんと見えるので◎。置いたときに自立する、表革のレザーやキャンバスなどのしっかりした素材がおすすめです。A4サイズ以上の大きさが、バランスよく見えるでしょう。

Chapter 3 ‖ 小物でもっと「似合わせる」魔法

Wave Type
ウェーブタイプ

ソフト&シャイニー　丸い形でレディライクに

曲線的なボディに合わせるのは、丸みのある形が基本。小さめサイズのバッグを高い位置で持つのがベストバランスですが、大きめバッグなら輪郭の柔らかいソフトレザーがいいでしょう。キラリと光を放つビーズ製も合います。

Natural Type
ナチュラルタイプ

インパクトとビッグサイズで下重心に

下半身に重みを出すとバランスがよくなるナチュラルは、印象的な大きめバッグを低く持つのが原則。肩ストラップも太めを選びましょう。凹凸のあるレザーや籐などの天然素材、マットに光る金属使いが肌になじみます。

似合わせ小物 6
パンプス＆ブーツ

「おしゃれは足元から」と言われるように、靴を自分に似合うタイプにするだけで、同じ服でもかなりイメージが変えられます。まずは「つま先」と「ヒール」をチェックして。

Straight Type
**ストレート
タイプ**

**上質レザー×
とんがりトウで
品よく**

表革で装飾のないデザインは、どんな服にも合う万能選手。つま先とヒールが細いので、デニムなどと合わせてもカジュアルになりすぎません。バックルつきなら、厚みのない四角いタイプを選んで。

Chapter 3 ｜｜ 小物でもっと「似合わせる」魔法 ｜｜

ラウンドトウや
光る素材で
甘さをプラス

プレーンな服は、丸いトウで大人可愛く仕上げて。ビジューやエナメルなど、ピカピカしたものが肌に合います。つま先が尖った靴を履くなら、スエード素材や細いストラップの華奢なヒールなどがおすすめです。

Wave Type
ウェーブ
タイプ

太めヒールで
重心を下げると
バランス◎

下半身にボリュームがないと肩幅の広さが目立つので、太めのヒールやムートンブーツ、バックル、スタッズ使いなど、存在感のあるデザインで足元にインパクトを加えましょう。レザーなど、天然素材を選んで。

Natural Type
ナチュラル
タイプ

似合わせ小物 7
サンダル&カジュアル靴

休日や夏の装いにぴったりなサンダル&カジュアル靴。ストレートとウェーブにはハードル高めですが、「ヒール」と「甲のデザイン」を選べば「似合わせ」を叶えられます。

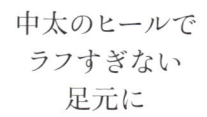

Straight Type
**ストレート
タイプ**

中太のヒールで
ラフすぎない
足元に

つま先が開いたカジュアルなサンダルも、適度に太い直線的なヒールを選ぶと、きちんと感を保てます。スニーカーなら、厚みのない定番ローカットを。どちらもハリのある表革や、キャンバス素材を選びましょう。

Chapter 3 ｜ 小物でもっと「似合わせる」魔法

薄めの コンパクト靴で 軽やかに

上半身に比べてボリュームのある下半身は、足元を小さくまとめると華奢な印象になります。甲の浅いアンクルストラップのサンダルや細身で底の薄いスニーカーやバレエシューズを履くと、重心が上がります。

Wave Type
ウェーブ タイプ

甲までのデザインで 筋をカバーして 女らしく

厚底のウエッジソールやハイカットスニーカーなど、高さや重さのある靴がヘビーユース確実。足の甲を包むデザインは、骨や筋の強さをカバーしてくれます。表面に凹凸のある素材で、遊び心を加えましょう。

Natural Type
ナチュラル タイプ

タイプ別にお悩み解決！
苦手スタイル克服チャート

TPOに合わせて、スーツやカジュアルウエアなど、自分のタイプと合わない服を着なければいけないときもあります。そんな苦手な服を自分らしくおしゃれに着こなすコツをお教えします。

ストレートタイプの克服法

〜ふんわりフェミニンな服を着るときは

　装飾や凹凸の少ない甘さ控えめな服で、胸元や腰まわりをすっきりさせましょう。**デコルテが広く開いたブラウスにタイトスカートや直線的なデザインの靴**を合わせるなど、全身のシルエットが直線的になるようにするとベター。注意したいのは「素材選び」で、**綿100％やウール100％、カシミア、シルク**といった**ストレート**と相性のいい上質素材を必ず選んで。フェミニンななかにも、きちんと感のあるコーデが完成します。

Point　甘くなりすぎない直線的な靴を

〜カジュアル・スポーティな服を着るときは

　最重要ポイントは「くだけすぎないこと」。できるだけベーシックな形で、質のいい素材のカジュアルアイテムを探してみてください。**Tシャツなら五分袖＆直線的な形**のオーソドックスなタイプ、**デニムならウォッシュ加工のないストレートやブーツカット**などの定番シルエットが最良です。**綿100％や表革、シルク**などの素材で高級感を演出すれば、**ストレート**らしいきれいめなカジュアルが楽しめます。

| Point | 定番の形×綿100％の正統派がおすすめ |

ウェーブタイプの克服法

〜シンプル・ベーシックな服を着るときは

　胸元に立体感がないと地味になるので、**タックやドレープの入った服**で華やかさをキープして。装飾が少ないときは、**スカーフやアクセサリー**を足しましょう。**ポリエステル混**の柔らかい生地なら、ジャケットなどのカチッとした服を着てもちぐはぐな印象になりません。**ウエストを絞ったり着丈を短くしたり**すると、バランスもアップ。**丸みのあるバッグやパンプス**も、**ウェーブ**らしい華を添えてくれます。

| Point | きちんとコーデを丸トウで柔らかく

〜カジュアル・スポーティな服を着るときは

ウェーブがゆったりシルエットのカジュアル服を着るときは、合わせるアイテムを細身にすることが重要です。ロングニット×スキニーパンツのように、**トップスかボトムスのどちらかをコンパクトにしたり**、**体の一部のラインを出したり**、細めのベルトを使って「Xライン」を作ったり……。シルエットにメリハリをつけると、ダボッとした服を着ても、間のびしたり、だらしなく見えたりしません。

Point　細めベルトがウェーブ向き

ネックレスを使うなら

ウェーブに似合うネックレスの長さは「デコルテ丈」ですが、それより長いか、短いネックレスを持っている人も大丈夫。スカーフやバンダナを繋げて長さを調整すると、バランスよくつけられます。

たとえば、ロング丈なら……

Arrange　2連にしてスカーフと繋げ、デコルテ丈に

ナチュラルタイプの克服法

～シンプル・ベーシックな服を着るときは

　全身のどこかにボリュームを出して、ちょっぴり着くずすことがおしゃれに見えるポイントです。**ロングジャケットやワイドパンツ、大きめバッグ**などが重宝します。**ストールやロングネックレス**などの小物を使って重心を下のほうに持っていくと、バランスがよくなります。また、**ウール、麻、コットン**など厚みのある生地を選べば、体のがっしりした印象が緩和されて女らしさも高まります。

| Point |
地厚で広がる
スカートは大活躍

| Point |
これぐらい大きい
ものがバランス◎

～ふんわりフェミニンな服を着るときは

　フェミニンなデザインでも、柔らかい素材ではなく、なるべく地厚な生地を選びましょう。**コットンや麻**はもちろん、ツイードのなかでも地厚で丈夫な**ブリティッシュツイード**が狙い目。**ワンサイズ大きめを着たり、袖をまくってラフに着たり**すると、魅力が引き立ちます。装飾は**大ぶりで曲線の少ないプリーツ**などのほうが、大人っぽくて合います。**スカートなら膝下くらいの丈**がベター。

| Point |
膝関節は
すっぽり隠して

| Point |
透けないタイツで
足元もマットに

Column 2

骨格タイプと顔立ちの関係

「骨格タイプ別に顔立ちの特徴はありますか？」と質問を受けることがあります。顔立ちは当然ながら骨格の影響を受けているので、骨格タイプごとにそれぞれの特徴が現れます。

　ストレートは後頭部が丸く出ていて、頭や顔がやや立体的な傾向があります。顔の輪郭は卵型で、目鼻立ちがスッとした「きつね顔」が多いのが特徴です。有名人で言うと、**小泉今日子**さん、**小池栄子**さん、**上戸彩**さんなどです。

　ウェーブは顔がやや平面的で鼻も低め、顔の輪郭は丸顔〜やや面長の人が多い傾向にあります。「草食動物系」とか「タヌキ顔」と言われる、目がクリッとした可愛らしい顔立ちが多いでしょう。有名人で言うと、**松田聖子**さん、**佐々木希**さん、**戸田恵梨香**さんなどです。

　ナチュラルはいわゆる「彫りの深い」タイプ。顔の輪郭は面長で、眉と目の間隔が狭く、鼻のつけ根（鼻骨）が高めです。また頬骨やあごの骨もしっかりとした、エキゾチックな顔立ちの人が多く見られます。有名人で言うと、**天海祐希**さん、**江角マキコ**さん、**杏**さんなどです。

　でも、いかにもそのタイプという顔立ちから他のタイプに近い方までバラつきがありますし、先入観で「自分は丸顔で鼻が低い」などと思い込んでいたりする方もいます。くれぐれも顔だけでタイプを診断せず、体の特徴と合わせてチェックしてくださいね。

Chapter 4
ここが知りたい！
骨格スタイル分析Q&A

「骨格スタイル分析理論」について、よく聞かれる疑問にお答えします。
この理論は、ファッションの自由を制限するものでは決してありません。
少ない服でもファッションを楽しみ、体に合わせて着こなすための味方として、
自分なりの工夫を加えたりしながら、どんどん応用してみてください。

Q.1

自分の骨格タイプの
ファッションが
好みでない場合は、
どうしたらいいですか?

A. 「素材」だけでも自分のタイプに合わせて

　自分に「似合うファッション」が、必ずしも「好きなファッション」とは限りませんよね。**自分の骨格タイプと違う服を着るときは、着たい「形」は自由に選んで、「素材」を自分のタイプに合わせてください。**服の形が気に入ったものなら、理想に近い着こなしができるはずです。

　たとえば、**ストレート**がフワッとしたAラインスカートをはきたいなら、ハリのあるコットン素材を選んでみて。広がりのあるシルエットでも、肉感が強調されずに比較的すっきりはけます。**ウェーブ**がシンプルなシャツを着たいなら、レーヨンなどの薄くて柔らかな素材にすると、ソフトな質感の華奢な体に調和して、おしゃれ度が高まります。**ナチュラル**がきちんとしたジャケットを着たいなら、麻やウールなどのしっかりした素材を選ぶと、体のフレーム感が和らいで、女性らしい印象になるでしょう。

　もちろん、小物で「似合わせる」方法もおすすめです。**ストレート**はスカーフでIラインを作ったり、**ウェーブ**はネックレスで胸元にボリュームを足したり、**ナチュラル**はベルトをゆるく巻いてルーズさを演出したり……etc. タイプと違う服でも、アレンジして積極的に取り入れて楽しみましょう。

Q.2

流行アイテムが
自分の骨格タイプと
違う場合は、
どうしたらいいですか?

A. ほかのアイテムを自分のタイプで揃えれば大丈夫

　流行アイテムは、新しいシーズンを迎えるたびに心惹かれますよね。たとえそれが自分のタイプと違っていても、あきらめる必要はありません！

　コーディネートすべてを、「骨格スタイル分析理論」通りに選ばなくても大丈夫だからです。**挑戦してみたい流行アイテムを見つけたときは、「全身のなかで1アイテムだけ」とルールを決めて取り入れましょう。**

　そのとき重要なのは、ほかのアイテムは似合うもので固めるということ。そのファッションを「全体的なスタイリング」で見たときに、自分のタイプに寄せることができていれば問題ありません。たとえば、太ももにボリュームのある**ストレート**が幅広のガウチョパンツをはくときは、着太りが心配。それを防ぐために、「シンプルなVネックニット×ロングネックレス×ポインテッドトウパンプス」など、トップスやアクセサリー、靴などをタイプに合わせて、全身の印象をすっきりと見せましょう。

　ただし自分のタイプと相性のよくないアイテムは、骨格の個性が目立ちづらい場所に取り入れるほうがベターです。バッグや靴など、各タイプの体の個性が目立ちづらい場所でトレンドを生かしたほうが素敵に着こなせます。

Q.3

骨格タイプ別に
似合うヘアメイクは
ありますか？

A. 髪型はシルエットと長さ、メイクは光の使い方が鍵

ストレートは、ショート、ボブ、ストレートロングといった「直線的」な髪型がおすすめです。**フルアップや夜会巻き**が似合うのも、キリッとした着こなしが得意なストレートだからこそ。メイクは**マット肌**をベースに、品よく仕上げましょう。光を加えるなら、**パール**が正解です。ツヤツヤ、キラキラした輝きは、シャープな雰囲気を損ないかねないので避けて。

ウェーブは、顔まわりをふんわりさせる髪型が似合います。肩から胸元までの**ウェーブヘア**や、**ハーフアップ**は特におすすめです。ストレートヘアでも、全体に少しボリュームを出すと女っぽさがアップ。メイクは光を加えると、ソフトな肌と調和して若々しく見えます。**シアー、パール、グロス**……どんな光でもいいので、積極的に取り入れてください。

ナチュラルは、無造作な動きのある髪型がイチ押し。ワックスで「くしゃっ」とさせた**ルーズヘア**もおしゃれです。**ロングヘア**はもちろん、腰が隠れる**ベリーロング**でも、だらしなく見えないのはナチュラルの特権。メイクは、「自然体」がキーワードになります。色や光を極力控えて、作り込んで見えない**ナチュラルメイク**を心がけると、女性らしさが際立つでしょう。

Q.4

骨格タイプ別に
似合うメガネは
ありますか?

A. 骨格や顔の形に合った「デザイン」を重視して

メガネも骨格タイプによって似合う形が異なります。顔の形との相性も重要なので、まずは「フレームの形」に注目してください。

卵型の人が多いストレートは、**スクエア型**など、丸みのないシンプルなデザインが似合います。服と同じく余計な装飾は必要ないので、フチなしのものや、フチがあっても細めのタイプがいいでしょう。流行に左右されないオーソドックスなデザインが、きりっとしたイメージとよく合います。

丸顔～やや面長な人が多いウェーブは、**オーバル型やラウンド型**など、曲線を感じさせるフレームがおすすめです。**ウェーブ**は「光」と相性がいいので、メタリックな金属製や明るい色のプラスチック製を選んで。またツルの部分に装飾がある、華奢なデザインのものも似合うでしょう。

面長やあごの骨が張っている人が多いナチュラルは、**大ぶりなデザイン**をチョイスして。比較的どんな形でも似合うので、丸みがあってもなくても大ぶりであれば大丈夫。一番メガネで遊べるタイプが、**ナチュラル**です。フレームもある程度太いほうがしっくりくるでしょう。べっ甲やカラーフレームなど、インパクトのある個性的なデザインがスタイリッシュに決まります。

Q.5

太ったりやせたり、
体型が変わっても
骨格タイプは
変わりませんか?

A. 骨格は生まれ持ったもの。一生変わりません

　やせている／ぽっちゃりしている、背が高い／低い、胸が大きい／小さいといった、後から変化することもある「体型」とは異なり、骨格は「生まれ持った体の個性」です。筋肉や脂肪は、成長など体の変化に伴って推移しますが、骨は太りません。また約200個の骨で構成されている骨格は、同じ身長・体重であっても、人によって特徴が異なります。

　「骨格スタイル分析理論」では、生まれ持った骨の特徴から診断するので、タイプが変わることは一生ありません。自分のタイプのファッションルールを覚えれば、ずっと活用できると考えていいでしょう。

　親子や姉妹でも骨格タイプが異なる場合もありますし、身長・体重が近いのに似合う服が異なるのは骨格タイプの違いが原因です。また正反対の体型に見える人同士が、同じタイプということもあります。見て、触って、他人と比べて自分の個性を理解していく。「骨格スタイル分析理論」を学ぶことで、コンプレックスが気にならなくなったり、いままで気づかなかったチャームポイントを発見できたりします。ファッションが大好きな人も、センスに自信がない人も、一生使えるおしゃれ理論としてぜひ活用してみてください。

Q.6

春夏と秋冬シーズンで、
服をそれぞれ
最低何着持っていれば
いいですか?

A. 基本服12＋流行服1の13着あればOK！

　どの骨格タイプの人も、春夏、秋冬それぞれに、**トップス4着、ボトムス4着、ワンピース、カーディガン、ジャケット、セットアップの「基本服12着」**と**「流行服1着」の合計13着**を揃えておけば安心です。自分の骨格に合った服が13着あれば、スタイルよく見えるおしゃれを毎日楽しめます。秋冬はアウターを2〜3着加えるなどして、気温の変化に対応しましょう。

　トップスを具体的に挙げると、①シャツかブラウス②カットソー③ニット（春夏ならサマーニット）④Tシャツの合計4着。ボトムスは、「このトップスにはコレ」というように、組み合わせを決めて揃えれば、少ない枚数でも無理なく上手に着まわせます。スカート派ならスカート3着＋パンツ1着、パンツ派ならパンツ3着＋スカート1着と、好みに応じて比率を変えてもいいでしょう。流行服はタイプに合わせなくても大丈夫です。

　服だけでなく小物で工夫すれば、着こなしが単調になりません。ストールやスカーフの巻き方一つで印象がガラリと変えられるので、いろいろとアレンジしてみましょう。制服がなく仕事用の服が必要な場合は、ビジネスシーンに合わせてプラスすれば、少ない服でもおしゃれは十分楽しめます。

おわりに

　最後まで読んでいただき、ありがとうございました。「骨格スタイル分析理論」の基本について、おわかりいただけたでしょうか？
　少ない数でも自分らしく素敵に見える服は、自信と満足感をもたらします。
　たんすの肥やし服も、「素材や着丈が自分の骨格に合っていない」という原因がわかれば、思いきってリサイクルに出すことも、「似合わせ」テクでよみがえらせることもできます。そして、整理しきれないほど服を持ちながら、「着られる服がない」と毎日悩むこともなくなります。

　体型の特徴はともすればコンプレックスになりがちですが、実はそれこそが人とは違う自分の個性です。そして、その特徴を最大限に美しく見せてくれるファッションのルールがあることを知っていただけたら嬉しいです。
　服を着て「なんだかしっくりこない」と感じたときは、この本を開いて、「もっとハリのある生地がいいかも」「胸元のボリュームが足りないのかな」などと、服を自分に似合わせるためのヒントにしてみてください。
　どこから手をつければいいかわからない方は、アクセサリーなどの小物から始めましょう。タイプの異なるアクセサリーを着け比べると、全体の雰囲気が華やかになったり、地味になったりするのを実感できるはずです。

　最近では、服を減らすために骨格診断を使っている方の記事も見かけます。残念ながら明らかに自己診断で勘違いしている例もあり、それではせっかく

の実践的な理論も役に立ちません。本書では、なるべく正確に自己診断できるよう気を配りました。自分の思い込みにとらわれず、複数のポイントを客観的にしっかりチェックしてみてくださいね。

　自分に本当に似合うファッションを見つけて、みなさんの人生が、より豊かにアクティブに花開くことを楽しみにしています。

骨格スタイル協会代表理事　師岡朋子

Staff

Book Design	原田恵都子（ハラダ＋ハラダ）
Photography	嶋田礼奈（本社写真部）
Styling	師岡朋子
	白杉端子
	ましこえいこ
Illustration	古屋あきさ
Text	木之内美帆

師岡朋子 もろおかともこ

一般社団法人骨格スタイル協会代表理事。表参道スタイリングラボ代表。一般社団法人日本スカーフコーディネーター協会代表理事。各種スクールや企業研修で骨格診断やカラー講師を務め、のべ5000人以上に似合うファッションのアドバイスを行う。3次元計測や衣服解剖学なども加味し独自に調査・研究を重ね、「似合う」を理論化した「骨格スタイル分析理論」を提唱。ひとりひとりの個性を魅力として輝かせ、より多くの人がファッションを楽しめる社会の実現を目指し、「骨格スタイル協会」を設立した。わかりやすく親しみやすい講座が人気で、全国各地や海外からも多くの受講生が集まり、大盛況となっている。
HP◆http://www.kokkaku.jp/

少ない服でも素敵に見える人の秘密
骨格で選ぶスタイルアップ術

2016年7月14日　第1刷発行

著　者　師岡朋子
　　　　©Tomoko Morooka 2016, Printed in Japan

発行者　鈴木　哲

発行所　株式会社 講談社
　　　　〒112-8001 東京都文京区音羽2-12-21
　　　　電話（編集）03-5395-3527
　　　　　　（販売）03-5395-3606
　　　　　　（業務）03-5395-3615

印刷所　共同印刷株式会社

製本所　株式会社若林製本工場

定価はカバーに表示してあります。落丁本・乱丁本は、購入書店名を明記のうえ、小社業務あてにお送りください。送料小社負担にてお取り替えいたします。
なお、この本についてのお問い合わせは、生活実用出版部 第一あてにお願いいたします。
本書のコピー、スキャン、デジタル化等の無断複製は、著作権法上での例外を除き禁じられています。
本書を代行業者等の第三者に依頼してスキャンやデジタル化することは、たとえ個人や家庭内の利用でも著作権法違反です。

ISBN978-4-06-299853-6